运筹帷幄

管理的谋略与制衡

吉昊 编著

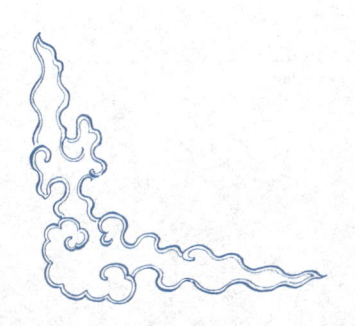

台海出版社

图书在版编目（CIP）数据

运筹帷幄：管理的谋略与制衡 / 吉昊编著．

北京：台海出版社, 2025.4. -- ISBN 978-7-5168-4167-9

Ⅰ．F279.23

中国国家版本馆 CIP 数据核字第 202556G5Z9 号

运筹帷幄：管理的谋略与制衡

编　　著：吉　昊

责任编辑：赵旭雯
封面设计：曹柏光

出版发行：台海出版社
地　　址：北京市东城区景山东街 20 号　邮政编码：100009
电　　话：010-64041652（发行、邮购）
传　　真：010-84045799（总编室）
网　　址：www.taimeng.org.cn/thcbs/default.htm
E - mail：thcbs@126.com

经　　销：全国各地新华书店
印　　刷：三河市金兆印刷装订有限公司

本书如有破损、缺页、装订错误，请与本社联系调换

开　　本：170 毫米 ×1000 毫米　1/16
字　　数：156 千字　　　　　　　印　张：13
版　　次：2025 年 4 月第 1 版　　 印　次：2025 年 4 月第 1 次印刷
书　　号：ISBN 978-7-5168-4167-9

定　　价：59.80 元

版权所有　翻印必究

有
YOU DU
度

有温度，有态度，有深度
Warmth, Attitude, Depth

前言

管人＝控制人？

大错特错！

顶级管理者，只做正确的事；

中阶管理者，能够正确地做事；

低阶管理者，困惑于怎样把事情做正确。

人员管理的核心在于策略与方法的运用，并高度重视细节与成效。管理者需具备深远的洞察力与全面的规划能力，以确保对局势的全面掌控。当策略与方法得当，且能精准调控管理节奏时，人员管理将步入顺畅的轨道。

管理的终极目标是借助不同个体的力量，实现集体共同的目标。在此过程中，若以"激发潜能"为核心理念，通过科学引导，促使个体主观能动性得到充分发挥，并使其认识到自身行为的意义与价值，则团队成员将更加积极主动、富有创造性与自发性地达成预定目标。

然而，现实中，许多管理者对于人性的理解与驾驭能力不足，难以有效管理与激发人性。因此，在管理实践中，他们往往面临诸多现实挑战与无奈困境。人性中的种种弱点，往往导致团队管理与发展陷入混乱无序、步履维艰的状态。

基于此，作者以漫画图解的形式，复现周公、秦始皇、汉高祖、汉武帝、唐太宗、宋太祖等古代顶级管理大佬运筹管理的场景，深剖人性，鞭辟入里，写成此书。

本书从择用、教化、感召、触动、任用、赋能、制衡七个方面展开剖析，深度解读了管理者在职业生涯中可能遭遇的诸多风险、复杂难题及困境，系统性地归纳并总结了超过100种实战导向、易于上手、实用性强且能有效实施的管理工具与方法。其核心目的为赋能管理者，使之精通人员配置优化、任务调度高效、沟通机制构建、团队士气激励、下属潜能开发及权力平衡控制等管理精髓。通过阅读本书，全方位精进其领导力，激发团队每位成员的内在潜能与活力，塑造出令人心悦诚服、追随无悔的卓越领导典范。

《运筹帷幄：管理的谋略与制衡》一书，深刻洞察并立足于中国职场文化的独特性，巧妙融合心理学原理于团队管理智慧之中，针对团队建设中的关键议题，如文化塑造、沟通协调、激励机制设计、惩罚措施实施及人才战略运用等，提供了一系列既贴合实际又富有创意的解决方案。这些方案不仅具备高度的可操作性，而且灵活多变，能够适应不同情境下的管理需求。书中见解独到深刻，辅以生动有趣的漫画插图，极大地增强了内容的可读性和吸引力，使之成为一本兼具理论深度与实践指导价值的优秀管理学作品。

目 录

第 1 章　择用：
精准淘汰，选对人才能够确保内部稳定

选人，务必要有专业的测评流程	/〇〇二
再心仪的人选，也别忽视隐性试探	/〇〇七
避免"情人眼里出西施"的人性错误	/〇一五
必须明确，哪些人一定要踢出圈	/〇二一
发现并挖掘平庸者的高潜能触点	/〇二八

第 2 章　教化：
意识策驭，在思想和信念层建造高度统一

明确制度，就是明确要求的合理性	/〇三六

团队没有标杆，就把自己做成一根标杆　　　　　／〇四一
创造一种人人都可以获益匪浅的美丽愿景　　　　／〇四六
将统一的执行文化，植入到每个人的认知之中　　／〇五一
在人性里精巧"画饼"，驱动团队自主赋能　　　　／〇五六

第 3 章　感召：
把握恩惠原则，使追随成为理所当然

在中国式团队中，一定要善打人情牌　　　　　　／〇六二
既不做作，又让别人总是觉得欠你的　　　　　　／〇六七
好处要落到实处，还要恰到好处　　　　　　　　／〇七三
利用细节运作，悄然给团队埋下固态情怀　　　　／〇七九
让大家心甘情愿为你工作　　　　　　　　　　　／〇八六

第 4 章　触动：
降维沟通，发挥谈话的"催眠效应"

带着目的去倾听，让优秀的人主动拉近距离　　　／〇九二

允许提意见，但要掌控准确的采纳标准　/〇九七
摆明利害关系，说服务必鞭辟入里　/一〇三
打造榜样人设，传播"明主"贤名　/一〇九
讲缺点的时候，换个心照不宣的说辞　/一一五

第 5 章　任用：
理解人性，将人才用在刀刃上

为团队提供"士为知己者死"的情绪价值　/一二〇
利益分配越高级，越能拉升驱动力　/一二五
睁一只眼辨才，闭一只眼问事　/一三二
异质互补，使平庸快速蜕变为高能　/一三七
人尽其用，把"另类"用成另类人才　/一四三

第 6 章　赋能：
运作利益绑定，实现团队人效倍增

舍不得福利，就套不住人心　/一五〇

给福利，也要施行"钓鱼化"设计　　　　　　／一五五
定好基调：拿出业绩，就有奖励　　　　　　／一六〇
把握好激励与约束之间的动态平衡　　　　　／一六五
非内耗竞争：它山之石，可以攻玉　　　　　／一七一

第7章　制衡：
宽猛兼用，控制权力的正确性

团队权力，一定要给到正确的人手中　　　　／一七八
既要表明信任，也要及时跟进　　　　　　　／一八三
设立高压线，恩与威一样都不能少　　　　　／一八八
用权力巩固权力，务必紧抓团队内部平衡　　／一九三

第一章

择用：精准淘汰，选对人才能够确保内部稳定

选人，务必要有专业的测评流程

> **管理的顶层逻辑**
>
> *为政之要，惟在得人。用非其才，必难致治。*
>
> ——《贞观政要》
>
> 治国理政之要，首在选贤任能。若所用非人，则国家政事难以妥善治理。

> **大佬管理哲学**

自北魏时期起，关陇贵族便一直是中原政治舞台上的核心力量。他们凭借强大的军事后盾，深深影响着朝政走向，对隋朝的稳定与繁荣造成了不小的威胁。

隋炀帝对关陇集团的警觉与不满，源自复杂且深远的历史与现实因素。回溯历史，关陇集团在隋朝的前身——西魏北周时期，便是其主要的支持者。他们曾发起六镇之乱，以抗议北魏孝文帝的汉化政策，这场动乱直接导致了北魏的分裂，形成东、西两魏。同样，他们也曾因反对北周宣帝的禅让之举，策动了宇文泰之侄宇文护的叛乱，使北周陷入持续的内乱。这些历史事件无不透露出关陇集团对中央集权的抵触与反抗，同时也彰显了他们对自身特权与利益的坚守与维护。

关陇集团在隋朝时期依旧稳坐重要地位，手握重权。他们不仅掌控着军队和各个地方，更与皇室缔结了深厚的亲属纽带。在士族门阀的阴影下，皇帝反而有点像摆设了。

为了削弱关陇贵族的势力，隋炀帝萌发了一个创新的想法——通过公开竞争的方式，从普通民众中遴选才华出众者，让他们有机会步入仕途，共治国家。这样一来，不仅能够为朝廷引进新生力量，还能逐步削弱关陇集团对朝政的把控。这便是科举制度的初步构想。

在隋炀帝之前，官吏选拔主要依赖三种方式：一是举贤制度，依赖于朝廷或地方官员推荐杰出人才；二是九品中正制度，通过九品中正官根据士族背景来评定士人的等级；三是恩荫制度，即朝廷直接赐予功臣或贵族子弟官职。然而，这些方式都存在显著缺陷，如徇私舞弊、对门阀的偏袒以及对普通民众的忽视。

隋炀帝推出的科举制度，正是为了打破这些陈规陋习，让各地士人、庶族，甚至寒门子弟都有机会通过考试展示自己的才华，考试成绩成为录取的唯一标准。此举极大地拓展了官员的选拔范围，增强了人才储备，同时也显著提升了官员队伍的整体素质和能力。

最重要的是，士族门阀的势力因此得到了强有力的制衡。

到了唐朝，科举制度得到了进一步的完善与发展，逐渐成为中央选拔人才的重要机制。唐太宗在位期间，对科举制度进行了几项关键性的改革。

这些改革措施极大地推动了科举制度的进步。

武则天执掌天下以后，又为科举制度开创了一种新的考试形式——殿试。

在武则天看来，殿试不仅能使她更直接、更深入地了解每位考生，还能发掘那些潜力巨大、能言善辩的才子。更为重要的是，这一制度还能有效筛选出那些可能通过不正当手段上榜的考生。

科举制度的创立，无疑是人才选拔领域的一大革命性举措。经过

第一，打破了家庭背景的束缚，允许考生"投牒自荐"；第二，明确规定了考试的详细规则；第三，对考试科目进行了合理的调整。

后世的不断完善与发展，这一制度持续了一千三百多年，其影响之深远，可见一斑。

管理有招

用人机制在企业管理中占据着至关重要的地位，它是决定企业在激烈的市场竞争中立于不败之地的核心要素。究其原因，企业生产要素的优化配置最终都需通过人力资源的有效运用来实现。若企业未能构建一套符合市场经济需求的用人机制，便难以取得具有决定性的竞争优势。

从专业角度出发，领导者在构建用人机制时，应着重考虑以下几个方面：

第一，确立明晰的选拔标准。

在人才晋升管理体系中，制定明确的选拔标准至关重要。企业应针对各个职位设定详尽的晋升条件和选拔准则，以确保每位候选人都是该岗位的最佳选择。这些标准应综合考量员工的表现、能力及职业发展规划，并需经过长期的实践观察与验证。例如，针对经理岗位，卓越的沟通和领导能力为必备素质；而对于技术岗位，则更看重其技术研发与创新能力。

综上所述，人才晋升管理并非单一的流程或简单的业务操作，它要求企业从内部出发，内外兼修，构建科学的选拔机制以发掘、遴选并培养优秀人才。唯有如此，企业方能通过持续的内部职业晋升管理，有效激励员工，助力其实现企业战略目标，推动企业持续壮大。

第二，构建严谨的选用监督体系。

在人才选用过程中，必须秉持严谨、公正的原则，避免任人唯亲。只有这样，企业才能遴选出真正的人才，促使其潜能得到最大化发挥，进而成为推动企业发展的重要资产。

第三，健全用人保障机制。

"庸才"与"人才"并非一目了然，人才的潜能发挥需要时间的沉淀和过程的积累。领导者若期望人才充分展现其才智，必须为其解除后顾之忧，提供全方位的生活保障。

第四，完善用人激励机制。

科学有效的激励措施能够激发个体更大的潜能。成功的企业家深知，只有充分点燃员工的热情与潜力，促使其才智得到最大限度的发挥，企业才能实现更长远的发展，进而达到企业与个人的共赢局面。

再心仪的人选，也别忽视隐性试探

管理的顶层逻辑

> 夫知人性，莫难察焉。美恶既殊，情貌不一，有温良而为诈者，有外恭而内欺者，有外勇而内怯者，有尽力而不尽忠者。然知人之道有七焉。
>
> ——《将苑》

洞察一个人的内在性情，确实是一项颇具挑战的任务。美丽与丑恶，有着天壤之别，而人的性情与外貌亦是千变万化。有些人外表温文尔雅，内心却潜藏着狡黠与奸诈；有些人看似谦逊有礼，实则心机深沉，善于欺瞒；有些人外表英勇无畏，但内心却可能胆怯畏缩；还有些人虽行事尽力，但内心却未必忠诚。尽管如此，我们仍可从七个维度来深入剖析和理解一个人的真实面目。

大佬管理哲学

冯梦龙在《警世通言》中叙述了这样一则引人入胜的故事：

庄子周游至齐国时，深受齐国大夫田宗的赏识，田宗对其人品与声望赞不绝口，遂决定将爱女许配与他。这位田氏，论姿色更胜庄子前两任妻子，她肌肤胜雪，体态曼妙轻盈，宛若神仙下凡。庄子与田氏结为连理后，两人相敬如宾，恩爱有加，如同鱼儿得水般自在快乐。他们选择在宋国曹州的南华山隐居，过上了宛如神仙眷侣的逍遥生活。

某日，庄子下山游历，偶然间发现山下一片坟茔之中，有位妇人正坐在一座新坟之上，手中轻摇着扇子。这一幕激起了庄子的好奇心，他上前询问妇人为何有此举动。

庄子闻言失色，心中暗忖："这位夫人真是性急，口口声声说与丈夫生前恩爱，若是不恩爱，真不知她会如何。"他接着对妇人说："娘子，其实要让这新土快速干燥并不难，你手腕纤细无力，我来帮你吧。"妇人闻言站起身来，向庄子深施一礼："多谢先生。"说完，她将手中的素白圆扇递给庄子。庄子施展道法，轻扇数下，坟土上的水汽便消散无踪，坟土立刻变得干燥。

妇人满面笑容地表示感谢："有劳先生了。"她伸手从鬓边拔下一根银钗，连同扇子一起递给庄子以表谢意。庄子推辞了银钗，只收下了扇子。妇人欣然离去后，庄子却陷入了深深的思索之中。

庄子归家后，神色凝重，田氏见状便关切地询问缘由。庄子于是将山下妇人的故事娓娓道来，详尽地告诉了妻子。

田氏听闻，愤然斥责那妇人背弃妇道。接着，庄子问田氏："若我

有不测，你拥有如此花容月貌，会否为我守节三五年呢？"

未曾想，田氏却朝庄子啐了一口，她言辞凛然："忠贞的女子不会侍奉两个丈夫。别说三五年，即便是一生，我也心甘情愿为你守节。你莫要以己度人，以为人人都像你一般，旧人故去便寻新人。我们女子一生只认一人，绝不更改，怎能留下话柄让后人耻笑！你今日无恙，却来冤枉我！"言罢，她一把夺过庄子手中的扇子，狠狠地撕成碎片。

庄子意味深长地叹息道："难说，难说啊。"

此事过后不久，庄子突然病倒，病情日益加重。他躺在病榻上，气息奄奄地对田氏说："我恐怕时日无多，那把扇子已然撕碎，否则还能留与你扇坟之用。"

田氏闻言泪流满面，她再三发誓会忠贞不渝，甚至愿意以生命来证明自己的决心。庄子见她如此坚贞，心中宽慰，表示自己可以瞑目了，随后便离开了人世。

此后，田氏每晚都以泪洗面，她的悲痛感染了左邻右舍。到了第七日，一位英俊潇洒的少年带着一位老仆突然造访。少年自称是楚国的王孙，因与庄子有旧交，得知他离世特来祭拜。

随后，楚王孙表示希望逗留几日，既为缅怀先师，也欲探寻先师是否有未竟之愿。田氏见这位少年英俊潇洒，心中早已暗生欢喜，于是便欣然应允其留宿之请。

随着时日推移，二人渐生情愫，眉目传情。若说楚王孙的情意有五分，田氏的情意却已深达十分。

田氏心怀再嫁王孙之念，便恳请老仆为之说情。未几，老仆转达了楚王孙的顾虑，坦言有三重缘由使他不便迎娶田氏："其一，娘子家中尚有先夫遗体在灵堂，此时与娘子亲近，实有不妥。其二，庄子声名远播,我难以望其项背,唯恐娘子日后心生嫌弃。其三,我此次前来未带分文,连彩礼都难以筹措,更遑论迎娶娘子了。"

田氏听后,逐一消解其疑虑:"其一,屋后有闲置空房,可将先夫遗体妥善安置。其二,庄子并非完人,他曾休妻,显见薄情;又曾拒绝楚威王的丞相之邀,可见其才学有限。公子年轻有为,我亦出身名门,我们正是天作之合。其三,我尚有私房钱二十两,可为公子置办新衣,我们宜速速成婚。"

听娘子的便是。

公子,择日不如撞日,我掐指一算,今日就是黄道吉日。

新婚之夜,当二人饮下交杯酒,正欲共度良宵时,王孙却突然口吐白沫,昏厥在地。田氏大惊失色,急忙询问老仆楚王孙是否有宿疾。老仆沉吟片刻,道出一个偏方:"唯有以热酒吞服人的脑髓方可救治,若无活人脑髓,死者四十九天之内的脑髓亦可。"

令人意想不到的是，田氏竟脱口而出："先夫离世不过二十余日，何不取其脑髓以用？"言罢，她自行点亮灯笼，手执利斧，径直向庄子的棺椁走去。

当田氏奋力劈开棺椁的瞬间，庄子竟然坐起身来，这一幕吓得田氏魂飞魄散。此刻，哪里还见得到楚王孙与老仆的身影，原来这一切都是庄子的幻化之术。真可谓"夫妻百夜有何恩？见了新人忘旧人。"

田氏深感愧疚，羞愧自尽。庄子将她的遗体安置于自己的棺椁之内，以瓦盆敲击出哀伤的旋律。最后，他一把火将房屋烧为灰烬，自此云游四海，再未婚娶。

管理有招

诸葛亮深谙运筹帷幄之道，无论是在军事征战，还是在国家政务的处理中，他均广泛吸纳贤才。多年的政治实践与智慧积淀，使他形成了一套精湛的识人艺术——通过询问其对是非的看法以洞察其志向；通过激烈的辩论以测试其应变能力；通过征询计策以了解其见识；通过告知困难以检验其勇气；通过饮酒以观察其性情；通过面对利益以考验其廉洁；通过约定事情以评估其诚信。

简而言之，此方法从"志、变、识、勇、性、廉、信"七个维度对个体进行全面剖析，堪称周详无遗。

第一，问之以是非而观其志。

《庄子·齐物论》有云："彼亦一是非，此亦一是非。"每个人对世界的认知都独具视角。因此，在选拔人才之初，我们可抛出某个议题，以试探其对于大是大非的理解。倘若其回答中流露出坚定的原则和立场，便说明此人值得信赖。反之，则可能难堪重任。

第二，穷之以辞辩而观其变。

以犀利的言辞挑战个体，迫使其陷入困境，从而考察其胸襟与应变能力。一个修养深厚、气度宏大的人，通常不易被激怒。若其无法自控，出言不逊，则表明其修养尚待提升。此外，此法还可检验个体在应变中的语言表达与逻辑思维能力，实现双重评估。

第三，咨之以计谋而察其识。

向对方阐述一项策略计划，并征询其见解，以此评估其学识深度。学识不仅是一个人综合素质的反映，更深远地影响着其视野和胸襟，因此对其的考察至关重要。即便个体品格高尚，若缺乏实际操作能力，其对组织的贡献也将受限。真正对团队有价值的人才，应能为团队改进贡献创新思路与策略。然而，在评估过程中，我们需精准辨识哪些人具备真知灼见，哪些人仅停留在理论层面。实践经验丰富者，其建议往往切中要害，显示出卓越的洞察力；而理论脱离实际者，其观点虽富有想象力，却缺乏实用价值，仅为纸上谈兵。

第四，告之以祸难而试其勇。

在面临重大困境时，观察个体的胆识与勇气成为关键。《论语》有云："岁寒，然后知松柏之后凋也。"唯有在严峻的挑战下，方能真正彰显一个人的内在品质。缺乏勇气者，面对难题时往往怨天尤人，墨守成规，无法寻求突破。而真正的勇士，则能灵活应对，迎难而上，以韧性和智慧攻克难题。

第五，醉之以酒而探其性。

人的内在本性常常深藏不露，此时可借助酒的力量打开对方的心扉，引导其流露出最真实的自我。俗话说，酒后吐真言。饮酒后胡言

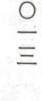

乱语，甚至借酒发疯、扰乱场面者，通常缺乏自我控制力。而那些能够保持克制的人，可能会在微醺之际抒发内心的感慨，谈论理想或挫折。因此，对于识人的伯乐而言，酒桌之上恰是观察人性情的绝佳场合。

第六，临之以利而验其廉。

赋予对方一项涉及利益的任务，通过观察其行为来评判其廉洁程度。这就是所谓的"君子爱财，取之有道"。真正品德高尚的人，不会贪图不义之财，即使面对轻易可得的利益，他们也能克制自己的贪欲。这样的人才值得信赖和重用。

第七，期之以事而考其信。

委托对方一项重要任务，并明确表达期望。若对方轻易许诺却未能如期完成，则表明其仅为口头上的巨人，个人信用堪忧。相较于那些夸夸其谈者，我们更应欣赏那些默默付出、踏实做事的人。

避免"情人眼里出西施"的人性错误

> **管理的顶层逻辑**
>
> 以容取人乎，失之子羽；以言取人乎，失之宰予。
>
> ——《韩非子》
>
> 倘若我们仅凭外貌评判他人，那么像子羽这般虽貌不惊人但品行端正的贤者，便可能被我们错失；而假若我们单纯以言辞作为衡量人的标准，便有可能误用如宰予那般言行相悖之人，从而铸成大错。

大佬管理哲学

众所周知,孔子门下有三千弟子,其中七十二人被尊为贤人。孔子一直秉持"有教无类"的信念,然而,当他面对一位外貌丑陋的求学者时,也不免产生了偏见。

这位求学者便是澹台灭明(子羽),他的相貌并不出众——额头低垂,嘴巴狭窄,鼻梁扁平,与人们心中的英俊形象大相径庭。当孔子初次见到他时,内心难免有些轻视。但孔子曾公开宣扬"有教无类"的理念,因此,他虽未明确拒绝,却也未给予足够的重视。

澹台灭明敏锐地察觉到了孔子的态度，这位心高气傲的学子选择了独自游学。

在武城，子游遇到澹台灭明，深入了解了澹台灭明的性格和品德后，对他赞不绝口。在子游看来，澹台灭明公私分明，正直无私，不寻求捷径，是个明事理的人。在这个充斥着因私欲而攀附权贵的社会中，子游对澹台灭明的出现感到由衷的高兴，他虽外表不起眼，但内心善良，毫无私心，实在难能可贵。

正如子游所评价的那样，澹台灭明在学业有成后，开始了他的传学之旅。他始终铭记自己是孔子的弟子，不遗余力地在江南地区传播孔子的儒家学说，将"有教无类"和"诲人不倦"的教诲一一传授给众人。在短短十几年间，他的门生遍布江南，使儒家学说广为流传。

宰予，无疑是个才华横溢的人。

孔子曾评价自己的众弟子——子曰："从我于陈、蔡者，皆不及门也。德行：颜渊，闵子骞，冉伯牛，仲弓。言语：宰我，子贡。政事：冉有，季路。文学：子游，子夏。"

在口才与思辨方面，孔子认为宰予独占鳌头。他的善辩源于对知识的深入探索与独立思考，尽管这种探索有时以与老师"抬杠"的形式出现。又或许正因如此特质，孔子对宰予的教育方式和期望都显得与众不同。

亦因如此，当宰予在白天睡觉时，孔子愤怒地批评道："朽木不可雕也，粪土之墙不可圬也！"

这句骂人的粗话，也被孔子的弟子们忠实地记录了下来，成为孔子"金句大全"中的一则。

现代人或许难以理解，为何"白天睡觉"会受到如此严厉的指责。须知，在春秋时代，"烛"是昂贵且稀有的物品，仅为诸侯所享用，普通人难以负担。因此，白天的宝贵时光对于学习来说至关重要，不容浪费。

从现代视角审视，宰予不盲从权威、勇于独立思考的精神，正是孔子所赞赏的品质。同时，孔子作为伟大的教育家，能够包容不同的声音，并未因此开除宰予，真正展现了"有教无类"的教育理念。然而，遗憾的是，宰予后来并未深思老师的政治抱负，而是贸然卷入了齐国的政变，最终招致杀身之祸。

闻知此事，孔子悲痛地叹息道："以容貌取人，我错失了子羽；以言辞取人，我则误判了宰予。"

> 管理有招

人才的辨识，实则是对个体在觉悟、品质、知识储备、工作能力、性格特质以及精力状态等多个方面的综合考量与评估。"知人"既是人才管理的关键环节，也是实现对人才合理评价与科学管理的重要先决条件。可以说，"知人"是恪守公道正派、任人唯贤原则的基石。缺乏识人的"慧眼"，仅凭个人好恶判断，便无法坚守这一原则。

第一，警惕先入为主的偏见。

第一印象往往基于直觉形成，而直觉虽有其纯净、真实的一面，但也可能过于简化、肤浅。因此，我们不能单纯依赖直觉来评判一个人。全然信赖"第一印象"显得幼稚，甚至潜在危险。应进一步验证这一印象。若后续观察到的事实与第一印象相悖，我们应尊重客观事实，摒弃先入为主的偏见。

先入为主的观念会阻碍我们获得真正的洞察力，因此必须努力克服。而将情感与事实明确区分，力求对事实进行客观、公正且全面的分析判断，便是克服这种偏见的最佳途径。

第二，避免仅从自身视角审视问题。

中国有句古语："看人挑担不吃力。"此话颇具深意，能引发诸多思考。

有时，我们会对某些人的行为感到困惑："此人为何会如此行事？"

实际上，若我们设身处地，想象自己处于其情境之中，便会理解其行为动机。或许我们会发现，在相同情境下，我们的选择可能与其无异，甚至可能不如其所为。

通过换位思考，设身处地地理解他人，我们才能更深入地了解一个人。

第三，避免以偏见审视他人。

每个人都不可避免地存在个人偏见，这些偏见可能源于认识的局限或情感的偏好。当偏见遮蔽我们的视野时，想要摆脱其束缚是相当困难的。无论是确凿的证据、普遍的常识还是冷静的理性，都可能在偏见面前显得无能为力。

当我们主观认定某人为杰出人才时，其一切行为似乎都闪耀着积极的光芒；而当我们判断某人难以委以重任时，其一切表现又似乎都变得黯淡无光，甚至以往的成就也可能被轻描淡写地归结为运气。情感，这种深不可测且无处不在的力量，有时甚至会扭曲我们的判断。

正如古诗所云："不识庐山真面目，只缘身在此山中。"唯有跳出偏见的桎梏，摆脱利益的纠缠，以平和的心态去观察和理解一个人，我们才能获得更为清晰和客观的认识。

第四，避免以貌取人。

人们往往容易形成一种刻板印象：才华横溢者必然仪表堂堂，而品德不端者则相貌猥琐。然而，这种观念并不总是正确的。

事实上，一个人的外貌与其内在素质之间并不存在必然的联系。以周公为例，他虽然外貌瘦小，形似枯槁的树桩，但其功绩卓著，名垂青史，深受后人敬仰。

"人不可貌相，海水不可斗量。"如果我们仅仅根据外貌来评判一个人，最终很可能会做出错误的判断。例如唐朝的安禄山，他体态肥胖、大腹便便，看似忠厚老实，然而后来他却发动了叛乱。这充分说明，以貌取人是不可靠的。

必须明确，哪些人一定要踢出圈

第一章 择用：精准淘汰，选对人才能够确保内部稳定

管理的顶层逻辑

> 人之难知，不在于贤不肖，而在于枉直。
>
> ——《冰鉴》

识人之难，非在辨识贤愚之别，而在于洞察虚伪与真诚。人的贤德或不足，往往一目了然，但识破一个人的伪装或真诚，却需要更细致的洞察和判断。

大佬管理哲学

公元前645年，管仲病重，齐桓公闻讯匆匆前往探望。管仲虽然

身体衰弱，却仍坚持劝谏："主公，我恐怕时日无多，但心中有一事，始终难以释怀。"

齐桓公紧握着管仲的手，泪水如泉涌，哽咽道："仲父，您还有何教诲，需要嘱托给寡人的吗？"

原来，让管仲忧心忡忡的，是齐桓公身边的几位宠臣。他们的行为，让管仲感到一种深深的不安。

于是，管仲郑重地对齐桓公说："大王，我恳请您远离易牙、竖刁、常之巫和卫公子启方这四人。"

齐桓公面露疑惑："仲父，我觉得易牙甚是忠心。他为了满足我吃上肉羹的愿望，竟不惜杀掉自己的儿子。如此看重君主，甚至超过了

自己的亲生骨肉，这样的忠诚难道还值得怀疑吗？"

管仲叹息道："人世间最难以割舍的，莫过于父母与子女间的深情。虎毒尚不食子，倘若一个人能冷血到杀害自己的儿子而毫无愧疚，那么当他为了利益要对君王不利时，又怎会有丝毫的犹豫和顾忌呢？"

原来，易牙曾是齐桓公的御厨。某日，齐桓公在闲谈中半开玩笑地说："寡人尝遍美食，却唯独未尝过人肉之味，真是遗憾。"听闻此言，易牙竟残忍地将自己的儿子杀害，为齐桓公烹制了一碗人肉羹。齐桓公当时颇为感动，认为易牙对他的忠诚超越了对亲情的眷恋。

齐桓公继续追问："那竖刁应该不会有问题吧？他为了更好地侍奉我，甚至不惜自宫，这样的牺牲难道也值得怀疑吗？"

管仲耐心解释："我们的身体是父母所赐，理应倍加珍惜。若一个人能对自己下如此狠手，说明他连最基本的自爱和对上天的敬畏都丧失了。这样的人，在关键时刻对君王下手，又怎会有任何的迟疑呢？"

齐桓公继续追问："常之巫精通法术，能预测生死，祛除灾祸，还时常为寡人疗病，难道他也不可信吗？"

管仲轻叹一声："生死有命，非人力可改。疾病的治愈也需遵循医学之道，而非迷信巫术。若大王过分依赖其巫术，长此以往，他必然会借此机会制造谎言，肆意妄为。"

齐桓公仍不甘心，又说："卫公子启方已侍奉我十五年之久，甚至在其父去世时都未回家奔丧，这种忠诚难道也值得怀疑吗？"

管仲正色道："孝敬父母，既为人伦之常，亦合天道之义。一个人若连父亲逝世都不愿回家尽孝，那只能说明他漠视人伦天理，这样的人，又怎能真心忠诚于君王呢？说他爱国君胜过爱父，这不过是自欺欺人之谈。"

齐桓公对管仲言听计从。因此,在管仲离世后不久,他便忍痛将这四人全部驱逐。然而时日不长,齐桓公便感到食不甘味,夜不能寐,上朝时也显得萎靡不振。没有这几个小人在旁恭维的日子,确实让他难以适应。随着时间的推移,齐桓公开始动摇:"或许仲父也有看走眼的时候?"于是,他下令将这四个小人重新召回宫中。

翌年,齐桓公病重。常之巫竟公然出宫宣告:"大王将于某月某日辞世。"此言一出,举国震惊,齐国上下顿时陷入混乱。

易牙、竖刁与卫启方趁机起兵作乱,杀害朝臣,拥立公子无亏为新君,太子昭则逃往宋国。易牙等人封锁宫门,筑起高墙,严禁任何人出入。齐桓公卧病在床,口渴难耐,呼喊许久,却无人应答。

未过几日,齐桓公的儿子们便纷纷揭竿而起,为争夺王位而展开激战。卫启方眼见齐桓公生命垂危,深知一旦齐桓公驾崩,自己将难以自保。于是,他果断率领四十社(每社含二十五户,合共一千户)

的居民逃回卫国。

齐桓公得知国内大乱，泪流满面。

> 寡人悔不当初，未听从仲父忠告，以致今日之祸！

这位九合诸侯的春秋霸主，就这样被活活饿死了。他死后，五个儿子忙于王位之争，无一人顾及为他料理后事。一代枭雄最终落得如此惨淡收场，实在令人扼腕叹息。

管理有招

造成齐桓公悲剧的根源在于：其刚愎自用，识人不明！

古人云：画龙画虎难画骨，知人知面不知心。人们常为了达到目的而巧于伪装，极具迷惑性。若仅凭表象判断，往往易受蒙蔽。

领导者在求才时，或许会因某人具备一技之长而急于委以重任，却忽略了其潜在缺陷。须知，某些人才虽学有所长，但可能存在致命弱点，未来或许会对企业造成重大影响。因此，在用人时应量才为用，对其弱点需保持警觉，不可轻易重用。

第一，谄媚奉承者，不可重用。

善于谄媚者一旦身居要职，易使下属心生不满。此类人常狐假虎威、自以为是，推卸责任，作为难以令人满意。他们争功谄媚，扭曲上级命令，胡乱传达指示，导致组织事务受阻。企业若重用此类人，必将招致祸患。

第二，过度自私者，不可重用。

从工作表现中可见其以自我为中心、对公司不忠。他们讲求个人利益，拒绝牺牲，缺乏团队精神，善于操纵利用他人，过度关心权势地位，喜好吹嘘与责怪他人，沽名钓誉。此类人顶多只是精致的利己主义者，不可重用。

第三，权力欲过强者，不可重用。

权力欲过强的人，其周身散发着难以抑制的勃勃野心。他们总是迫切地在他人面前展示自己的实力与能力。虽然此类人确实具备一定的能力，且决心攀升至组织顶峰，其坚忍不拔之志值得肯定，但他们在追求目标的过程中可能会采取不当手段，这往往会扰乱组织的正常运作秩序。

第四，投机取巧者，不可重用。

投机型人才擅长观察言色，他们将自己视为待价而沽的商品，在人才市场上谋求高价。这类人在工作中喜欢讨价还价，往往利用其他企业的录用意向对现雇主施加压力，以求晋升或加薪。特别是当其他企业是现雇主的竞争对手时，此种策略常能奏效。这种市场探索者的行为，虽有时能带来短期利益，但对组织的长期发展可能构成隐患。

第五，虚荣心重者，不可重用。

虚荣型人才渴望与富人名流为伍，他们喜欢夸大其词，缺乏实际行动力。一旦有机会，便会滔滔不绝地炫耀自己与名流的交往。然而，他们所谓的名流朋友可能并不认识他们，或者即使认识，也只是将他们视为夸夸其谈者。这类人常常过分强调自己的社交能力，以此作为担任管理职位的资格。然而，他们缺乏真实才能，其所谓的社交能力往往只是空谈。

第六，纸上谈兵者，不可重用。

此类人才似乎拥有运筹帷幄的大智慧，他们见识广博，谈吐不凡，能够轻易地评点历史人物的功过得失。然而，他们对事物形势的判断能力却显得不足，缺乏随机应变的本领。由于未曾亲身经历过处理具体事务的种种挑战，他们可能会轻易地否定他人的能力和贡献。当面临实际行动时，他们往往手足无措，表面上的英明果断实则可能演变为草率的行动。这类人才所缺乏的，是在复杂多变的情况下清晰梳理思路、抓住问题关键的思考经验和处理能力。他们常常根据记忆中的类似事件来做出决策，过于依赖经验而行动，不擅长灵活应变，容易陷入教条主义和本本主义的窠臼。

发现并挖掘平庸者的高潜能触点

管理的顶层逻辑

> 前代明王使人如器，皆取士于当时，不借才于异代。岂得待梦傅说，逢吕尚，然后为政乎？且何代无贤，但患遗而不知耳！
> ——《贞观政要》

前代的贤明君主在选用人才时，就如同巧妙地利用器物的特长一般，他们并不会向别的朝代借用英才，而是在当下的时代中悉心选拔。难道我们要坐等如傅说、吕尚般的传奇人物在梦中出现，才开始治理国家吗？更何况，每个时代都有其独特的贤能之士，我们所需警惕的，只是不要让这些瑰宝被埋没，未能及时发现他们的光芒罢了。

大佬管理哲学

齐国孟尝君素以广纳贤才著称，门下聚集了众多门客。某日，有二人前来投奔，一人身形瘦小，能轻易穿越狗洞，另一人则擅长模仿鸡鸣。尽管他们除此之外并无他技，但孟尝君依然热情地接纳了他们。这让其他门客颇感不满，纷纷质疑这二人的价值，认为他们不配与自己为伍。然而孟尝君却劝解道，世间无人不可用，只要有一技之长，便是宝贵的人才，不应轻视。

时隔不久，孟尝君奉旨出使秦国。秦昭王对孟尝君的才华大为赞赏，意欲留他为相国。但有人向秦昭王进言："孟尝君才华横溢，且与齐王同宗，若他在秦国担任相国，恐怕会先为齐国谋利，如此对秦国极为不利。"

秦昭王闻言，遂打消了任命孟尝君为相国的念头，甚至将他囚禁，意图加害。孟尝君情急之下，派人向秦昭王的一位宠姬求情。宠姬提出了一个条件。

> 让我帮忙可以，让孟尝君把白狐皮裘送给我如何？

孟尝君确曾拥有一件价值连城的珍稀白狐狸皮袋，但他在抵达秦国后已将其献给秦昭王。孟尝君陷入困境，询问众门客，却无人能提出解决方案。

此时，那位擅长穿越狗洞的门客挺身而出："我能取回白狐裘。"他利用自己的身材优势，在夜色中化身为"狗"，潜入秦王宫的宝库，成功盗回了那件珍贵的皮裘。孟尝君随即将皮裘献给宠姬。在宠姬的斡旋下，秦昭王终于释放了孟尝君。

重获自由的孟尝君迅速更换证件、更改姓名，悄然离开咸阳，星夜兼程逃回齐国。然而秦昭王在释放孟尝君后不久便心生悔意，派人追寻。

深夜，孟尝君抵达函谷关，然而却无法出关。原来，秦国有个规定：唯有鸡鸣之后，才允许人们通行。孟尝君心急如焚，唯恐追兵将至。就在这时，那位擅长模仿鸡鸣的门客挺身而出，他清了清嗓子，模仿起公鸡的啼鸣声，那叫声逼真至极，引得周遭的公鸡也纷纷响应，齐声鸣叫。守关将士闻听鸡鸣，便开启关卡放人通行。孟尝君因此得以顺利逃脱。

管理有招

当孟尝君身陷秦国困境时，众多才华横溢之士竟束手无策，唯有依赖两名掌握独门技艺的人才得以逃脱。这深刻揭示了用人之道的精妙与深邃，远非寻常逻辑所能洞悉。

在人才挖掘方面，洞察力与耐心两者缺一不可。若企业管理者不擅长发掘人才，便可能埋没宝贵的资源，进而给企业造成经济损失。因此，发掘人才的能力无疑是企业管理者眼光与实力的体现，不容忽视。

作为优秀的现代企业管理者，必须深谙用人之长、补人之短的策略，同时应警惕混淆长短、误将短处视为长处的盲目行为。唯有如此，方能充分发挥员工在企业中的独特作用。

第一，拘谨型人才。

此类人在处理事务时表现出极高的精细度和审慎态度，性格谦逊且多疑，常因过度思考而行动迟缓，承担责任时显得犹豫不决，心态略显狭隘。在处理熟悉领域的事务时，他们表现得出类拔萃。然而，面对复杂多变的环境，他们可能因思维混乱而无法做出明智决策，这在激烈竞争的市场环境中是一大挑战。

第二，柔顺型人才。

他们性情温和、仁慈且亲切，与人相处时毫无架子，处理问题稳重且全方位考虑，对待他人充满善意与忠诚，具备宽容的美德。然而，过度的柔顺可能导致他们随波逐流，缺乏独立见解，因犹豫不决而错失重要机遇。同时，他们可能因过于追求和谐而丧失原则，对不当行为过于包容。

在某些情况下，他们甚至无法坚守正确的立场，对上级言听计从。但若他们能更果断地捍卫正确的观点，在关键时刻把握方向与原则，同时保持仁慈且灵活应变，便有可能汇聚各方英才，共创辉煌。这正是曾国藩所言"谦卑含容是贵相"的真谛。否则，他们或许更适合在幕僚或参谋等辅助性岗位上发挥所长。

第三，朴实型人才。

这类人心胸开阔，性格忠厚纯朴，心机不深，不擅长机巧应对，却拥有质朴无私的品质。然而，他们过于坦率和真诚，难以保守秘密，言谈直接，缺乏城府，有时甚至被误解为单纯或愚蠢。但与之合作，可安心信赖。

需注意的是，这类人在执行任务时可能显得草率，偶尔会盲目行动，不顾劝阻，言谈无忌。虽然坦诚是交往的基础，但过度的直率也可能带来问题。若他们能增添一份稳重和耐心，巧妙结合诚恳与策略，其成就将不可小觑。

第四，沉静型人才。

此类人性格内敛，行事低调，工作细致，具备持之以恒的钻研精神，常成为某领域的专家。

但沉静的性格也可能导致行动迟缓，过度思考而错失良机。同时，他们兴趣相对专一，对周围事物关心不足。尽管言谈不多，但他们的洞察力深刻，只是常被忽视。认真倾听他们的观点，往往能获得启发性的思考。

第五，好动型人才。

这种人性格外向，行事坦荡，志向远大，不甘人后，富有创新精神，勇于争先，对成功有强烈的渴望。

但他们的缺点在于急功近利，行事轻率，若能在勇敢正直的基础上加入深思熟虑和冷静应对，必将取得更大的成就。此外，这类人才的嫉妒心较强，若不注意自我修养，可能因嫉妒而犯错。如果他们能将嫉妒心深藏并适当宣泄，可避免人格走向极端。

第六，雄悍型人才。

雄悍型人才勇力非凡，但性格较为暴躁，他们坚信力量可以解决一切，因此行为上可能显得恃强与鲁莽。这类人极重义气，对朋友可以赴汤蹈火，是性情中人。

他们为人坦荡，心机不深，行事果敢有担当，临危不惧，展现出极高的勇气和忠诚度。对于自己敬仰的人，他们会言听计从，表现出极高的忠诚和信任，绝不会背叛朋友。

然而，他们的缺点在于处理问题时过于依赖个人性情，往往因鲁莽而犯下无心之失。

第七，宏阔型人才。

宏阔型人才交际广泛，热情好客，出手大方，处事圆滑，能够赢得各界朋友的信任和好感。他们擅长揣摩人心，善于投其所好，与各类人群都能融洽相处，适合从事业务与公关工作，能够打通各种关系。

但由于他们交往的人群复杂，且注重义气，有时可能因原则性不强而受朋友影响，难以保持公正的立场判断是非。

第八，强毅型人才。

这类人性格坚韧，意志如铁，决策果断，勇猛无畏，善于在挑战中展现个人力量和智慧，属于英雄豪杰一类。

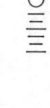

他们的缺点在于可能过于冒进，对个人能力过于自信，权力欲和野心较强，喜欢争功而不能忍让。这类人才具有独当一面的能力，能够灵活完成任务，是难得的将才。然而，需要密切关注他们的思想和情绪变化，这可能是他们行为改变的信号。

第二章

教化：
意识策驭，在思想和信念层实现高度统一

明确制度，就是明确要求的合理性

管理的顶层逻辑

> 始制有名，名亦既有，夫亦将知止。知止可以不殆。譬道之在天下，犹川谷之于江海。
>
> ——《道德经》

治理天下，首要之务是构建一套行之有效的管理体制。这需通过明确各项制度，厘定各类名分，以及委任适当层级的官员来执行任务。一旦名分确立，就需设立相应的约束机制，以确保行为有度、适可而止。唯有如此，方能规避潜在的风险。"道"在天下间的存在，犹如广袤的江海，吸引着大小河川溪流的汇入，它的博大精深使得万物自然而然地顺服。

大佬管理哲学

周公的功业被精炼地概括为："一年救乱，二年克殷，三年践奄，四年建侯卫，五年营成周，六年制礼乐，七年致政成王。"(《尚书·大传》)。在他众多的贡献中，"制礼乐"一项对中华历史的影响尤为深远。周公所创立的"礼乐行政"制度，不仅规范了社会秩序，更赋予了国家行政以文化的内涵。

西周初建之时，王权的合法性面临严峻挑战。殷商政权曾宣称其统治合法性源于"帝立商"，而武王通过战争手段夺取政权，这是否违背了天命？这一问题亟待解决，否则西周难以赢得民心，其统治也难以稳固。

为应对这一挑战，周公创造性地提出了天命转移的"以德配天"说。他表示："皇天无亲，惟德是辅。"即天命并非永恒不变，而是根据统治者的德行而转移。有德者得天命，失德者失天命。殷商先王因有德而得天命，成为天子；而殷纣失德，故天命转移至周，使周王成为新的天子。这一理论不仅为西周的统治提供了合法性依据，更成为后世政权更迭的重要理论支撑。

既然天命已然归于周朝，那么，如何稳固这份天命，确保国家的长久治安呢？这便需要构建一套以"修德"为核心的行为规范——"礼"，它旨在规范人们的行为，并融合家国一体的理念。

于是，在西周初期，周公亲自主持制定了一整套行为准则。这套准则以维护宗法等级制度为中心，辅以相应的典章制度和礼节仪式，历史上称之为周公制礼。

在实施国家治理的过程中，周公运用"礼"的准则，对天子、贵族、平民乃至奴隶进行教化。他倡导"亲亲、尊尊、长长"的理念，以礼来感化人民，使"礼"逐渐成为人们的自觉追求和行为标准。同时，对于违背"礼"的行为，他也绝不姑息，实施了严厉的惩罚。例如，将犯上作乱、背弃君主、不孝不悌以及杀害亲人等行为视为重大恶行，对这些行为，他坚持"刑兹无赦"的原则。通过这样的治理，最终形成了家国一体、上下尊卑有序、各安天命的和谐治世局面。

管理有招

无论领导小型企业，还是掌舵大型企业，都必须深刻认识到制度的关键性。而且，我们不能仅仅停留在表面的认识上，或是随意地制定一套方案，这样做是远远不够的，也无法达到我们期望的效果。如果你希望制度能够真正推动团队的发展，而不仅仅是为了展示权威或威慑下属，那么在制定制度时，以下几个方面需要格外关注：

第一，制度的可行性。

制度是规范团队成员行为的准则，它必须紧密结合团队的实际情况，并能够有效地解决团队面临的实际问题。因此，在制定制度时，我们需要对团队的现状进行准确评估。这就要求我们深入调查和分析现实需求，对需要解决的问题进行科学合理的排序，按照问题的重要性和紧急性来优先处理。同时，与团队核心成员进行充分的沟通也是必不可少的。通过沟通，我们可以明确制度的适用范围和目标，并预见制度执行过程中可能遇到的挑战，从而制定相应的应对策略。否则，即使制度条文写得再华丽，如果与现实脱节，也只是一纸空谈，无法发挥实效。

第二，制度的书面化。

不能仅凭一次口头传达给下属就视为团队制度的确立，更不能频繁更改制度内容。正式的制度必须通过书面文件进行明确，并确保其稳定性。书面化的重要性不容忽视，因为在法律层面上，口头承诺远不及书面契约具备法律效力。尽管团队制度可能不涉及如此严肃的法律问题，但道理是相通的。将制度书面化，并放置在每个下属都能轻易看到的地方，可以形成一种持续的提醒和威慑，促使大家自觉遵守制度规范。如果只是口头传达，随着时间的流逝，大家可能会逐渐遗忘，制度的威慑力也会大打折扣。

第三，制度的实施性。

制定制度而未能有效执行，相当于没有制度。在执行制度时，应让团队成员理解，制度不仅是对他们行为的规范，更是对他们利益和安全的保障，有助于营造和谐的团队氛围，确保每个人的公平发展和对待。这样，下属才会真心接受并遵守制度，而非产生抵触情绪。同时，作为制度的制定和执行者，必须摒弃特权思想，以身作则，遵守制度规定，向下属传递"法律面前人人平等"的信念至关重要。只有做到这一点，制度才能发挥最大效用，团队管理水平才能真正得到提升。

团队没有标杆，就把自己做成一根标杆

第二章 教化：意识策驭，在思想和信念层实现高度统一

管理的顶层逻辑

道者，何也？曰：君之所道也。君者，何也？曰：能群也。

——《君道》

什么是"道"？就是君主所遵从的准则，何以谓"君"？就是可以团结他人的人，或者说就是百姓的榜样。所以，君道的意思是说，如果君主遵从道义和礼义的准则，成为百姓的榜样，那么国家就可以得到很好的治理。

大佬管理哲学

198年，曹操统领大军挥师东征。行进的队伍旌旗飘扬，刀枪闪耀，浩荡的士兵队列保持着严整的秩序。时值五月，金黄的麦穗沉甸甸地挂在麦杆上，本是丰收的季节，然而连年的战火导致许多良田沦为荒地。轻风送爽，新鲜的麦香扑鼻而来。眼前，一片金黄的麦田铺开，农夫们正忙碌地收割着希望。

曹操严肃地下令："大小将校，凡过麦田，但有踏践者，并皆斩首。"

传令兵迅速将此严令传达给全军。士兵们深知曹操的严厉，因此个个小心翼翼，生怕因小失大，为了一缕麦子而葬送性命。他们行走

时都刻意避开麦田，骑兵们更是纷纷下马，紧握马缰，生怕马匹受惊失控。整支队伍在麦田边缘缓缓前行。

然而，世事难料，就在此时，"嗖"的一声，一只野兔突然从麦田中跃出，穿越道路，窜入另一片田地。这只野兔恰巧从曹操和其他两位军官的马前掠过，令三匹高大的战马受惊。由于其他两位将军已下马牵行，他们的马匹只是短暂惊慌后便恢复了平静。而曹操正骑在马上，心满意足地眺望着前行的队伍，他的马却因这一惊吓而失控，如疯了一般冲入麦田，瞬间践踏了大片庄稼，还险些将曹操甩下马背。当曹操回过神来紧拉缰绳时，周围的庄稼已遭殃，田间的农夫也吓得纷纷躲避，生怕被惊马所伤。

面对这突如其来的意外，众人都惊愕不已。曹操却果断地命令道："我所立的军规，如今我自己却触犯了，请主簿（秘书）来为我定罪。"

主簿听闻曹操的命令，急忙回应，既对曹操也是对众人解释道："遵循《春秋》的教义，尊贵之人可以有所避讳，法律不应对其过于苛刻。将军，这样的小事不必过于在意。"旁边的一些士兵也随声附和："主簿所言极是。将军，我们还是尽快行军吧！"

曹操听后，神色严肃地说："军令既是我所立，我又怎能自己破坏呢？"随后，他像是自言自语地感叹道："唉，身为主帅，责任重大。我若死去，无人带领你们继续征战，也无法向皇上复命啊！"众人纷纷再度附和："确实如此，请将军以国家大局为重。"

见众人已完全站在他这一边，曹操稍做停顿，然后继续说道："这样吧，我愿割下一缕头发，以代我之首级。"

言毕，他拔剑割下一束头发，交予传令兵，命其向全军展示。此举令三军将士无不敬佩。

管理有招

孔子说："其身正，不令而行；其身不正，虽令不从。"

为了一个团队能够走向成功，其领导核心必须具备高度的自律性。这样的领导者会以身作则，成为最严谨的自我管理者，始终秉持"要求他人之前，先从自己做起"的原则。他们展现出的这种坚定与执着，在团队内部产生深远的感染力，使团队成员由衷地产生敬意并追随其后，领导者的威严与信誉自然水涨船高。

第一，带头重视制度。

当团队领航者对制度视而不见时，其成员也会漠视制度的存在，这将导致组织内部秩序失衡，目标难以实现。因此，领导者必须深入钻研制度，全面把握其内涵和要求，为制度的顺利实施奠定坚实基础。

第二，带头推动制度。

制度的生命力在于执行。作为团队的主心骨，领导者需要积极促进制度的全面贯彻，并号召所有成员参与其中。同时，构建严密的监督体系，持续跟踪制度执行情况，及时发现并纠正偏差。

第三，带头遵守制度。

领导者应成为遵守制度的楷模，通过自己的实际行动为团队树立标杆。万一出现自身违反制度的情况，也需勇于担责，接受应有的惩处，以此赢得团队的信赖与拥护。

第四，带头优化制度。

制度不应僵化不变。随着团队的发展和环境的变迁，领导者需敏锐洞察并适时推动制度的革新与完善，确保其与时俱进，满足团队当前及未来发展的实际需求。

创造一种人人都可以获益匪浅的美丽愿景

> **管理的顶层逻辑**
>
> 常持其网驱之。其言无比，乃为之变。以象动之，以报其心，见其情，随而牧之。
>
> ——《捭阖策》
>
> 如果采用常规方法试图驱动对方，对方可能会产生警觉并拒绝回应，或者敷衍了事。在这种情况下，我们需要灵活调整策略。通过运用形象化的手法来触动对方，让言辞与其内心的想法相契合，从而洞察对方的真实想法，并依此有效地驱动他们。

大佬管理哲学

秦二世胡亥登基后,实行了一套严苛的治国之策。他以"税民深者"作为明吏的标准,以"杀人众者"为忠臣的典范。同时,他不顾民生,继续强行征召全国的农夫,修建壮观的阿房宫和神秘的骊山陵墓。为了加强都城的防御力量,他更是调集五万精锐士卒驻守咸阳,并命令各地向都城输送粮草,连运送者都不得不自备干粮。咸阳周遭三百里内的田地产出的粮食,农民们甚至无权享用。

随着连年的无偿劳役和日益增长的赋税,后者已超过了农民收入的三分之二,使整个国家陷入了疲惫和困苦之中。人民在重压之下苦不堪言。

时间流转至公元前209年,一队军官带着九百名农夫行进在苍茫的大路上,他们被迫前往千里之外的渔阳去戍边、修筑长城,这是一项几乎有去无回的任务。当时,大泽乡连日暴雨,道路泥泞难行,要

按时抵达渔阳似乎已成奢望，而延误期限的后果则是死罪。这群农夫面临着两难的境地：前行是死路，后退亦无门。这九百名壮丁，在无奈与绝望中，感受到了前所未有的重压。

在生死关头，那九百人中有两位志士心存不甘。二人一番深谈之后，认为既然前行后退都是绝路，何不放手一搏，做出一番惊天动地的伟业？

在互相激励与鼓舞之后，二人发泄了对秦朝残暴的统治的不满，对社会现状进行了简要剖析，随后下定决心，要引领众人揭竿而起。于是，便有了陈胜那振聋发聩的呼喊。

以现代的视角来看，这句口号无疑是极具震撼力的组织使命与愿景的宣言。

他们的使命宣言是"伐无道、诛暴秦"，誓要推翻秦朝的暴虐统治，终结王侯将相对百姓的肆意欺凌。

他们的愿景是构建一个"王侯将相宁有种乎"的平等世界，在这个世界里，每个人、每个家庭的孩子都有机会崭露头角，成为新的王侯将相，而非在僵化的阶级体制中，世世代代为奴为婢。

简而言之，他们宣誓要开创一个新纪元，让普天下的百姓都能过上幸福安康的生活，永远摆脱被宰割和压榨的命运。

士兵们听完这番话，无不心潮澎湃，异口同声地表示愿意追随到底。于是，陈胜等人筑起高台，郑重宣誓，他们以秦县尉的头颅为祭，袒露右臂为盟，并借公子扶苏与楚国名将项燕之名，正式举起义旗。

自此，轰轰烈烈的大泽乡起义军应运而生。这一口号迅速传开，各地深受秦朝官吏之苦的人们纷纷响应，杀掉当地秦官以示支持。当陈胜率军抵达陈县时，麾下已有兵车六七百辆，骑兵千余，步兵更是数以万计。

管理有招

俗话说，"伟大的愿景是先于伟大事业的成就"。一个成功的团队，其成员应该心往一处想，劲往一处使。要想让团队持续稳健地走下去，就必须有清晰的目标导向，明确知道团队的目的地以及前行的意义。当团队的每一位成员都深信，自己的每一分努力都是为了推进一项宏伟的事业，他们便会不遗余力地投入，并从自己的贡献中获得深切的满足感和成就感。

构建这样的共同愿景是个复杂而细致的过程。在设计时，我们需要特别注意以下几个方面：

第一，共同愿景的前提是合理制定目标。

团队中，由于每个人的背景、视角和立场各不相同，因此在面对问题和追求目标时也会存在显著的差异。为了形成统一的共同愿景，企业在制定目标时需要巧妙地寻求各方的共同点，即所谓的"最大公约数"，以此来描绘出一个能够凝聚所有人向心力的同心圆。这样，才能够确保每个人都能在共同愿景中找到自己的位置，从而齐心协力，共同为实现这一愿景而努力。

第二，共同愿景的基础是充分反映个体价值。

每个人都渴望在职业生涯中有所作为，施展自己的才华，并得到他人的尊重。因此，我们应该鼓励和支持这样的个人愿景，确保团队中的每个人都能得到平等的对待和尊重，共同营造一个和谐愉快的工作环境。

第三，共同愿景的关键在于科学分解指标。

任何宏大的愿景都需要被细化为具体、可执行的任务和指标。这些指标的分解是否合理、科学，将直接影响到团队成员的积极性和动力。若目标设定得过高，遥不可及，便会使人感到挫败，"一鼓作气，再而衰，三而竭"，逐渐丧失信心与希望；反之，若目标过于容易达成，又难以充分激发团队的潜力和斗志。因此，科学的指标设定应该是既具挑战性又切实可行的，它应该像那挂在高枝上的桃子，需要团队成员努力"跳起来"才能摘取，这样既能激发团队的动力，又能在目标达成时给予大家满满的成就感。

第四，共同愿景的最终目的是达标。

在任何工作中，我们都追求完整的闭环管理。有了清晰的目标和科学的指标后，最重要的就是努力追求达标。为此，我们需要根据各项指标合理分配责任和任务，确保权责清晰、奖惩分明。通过这样的管理方式，我们可以有效推动团队朝着既定目标前进，确保任务能够高质量、如期完成。这样，共同愿景才能真正落地生根，开花结果。

将统一的执行文化，植入到每个人的认知之中

管理的顶层逻辑

> 今天下车同轨，书同文，行同伦。虽有其位，苟无其德，不敢作礼乐焉；虽有其德，苟无其位，亦不敢作礼乐焉。
>
> ——《中庸》

当今天下，车辆轮距已经标准化，文字的字体也实现了统一，人们共同遵循着相同的伦理道德规范。然而，即便身处天子之位，若无圣人般的品德与修养，也无法制定出好的礼乐之制。同样，即便某人怀有圣人般的高尚美德，但如果没有获得天子的尊贵地位，他也不敢擅自制定礼乐规范。孔子认为，这是天下大一统的基础。

大佬管理哲学

秦始皇在统一中国之后，深感自己的伟业堪称空前，远胜于历代"王"者的成就，"王"的称号显然已经无法满足他的雄心壮志，更无法彰显他与六国诸侯的迥异之处。因此，他决意为自己选定一个更为威严的名号，几经斟酌，嬴政最终决定以"皇帝"自称。

他心中的想法是，既然古时有着令人敬仰的三皇五帝，他们每一位都英武非凡，那么如今他将这些神圣的名号集于一身，不正彰显他超越古人的雄伟气魄吗？这象征着他是古往今来无与伦比的天下第一人，无人能出其右。

又因为他是秦国历史上首位"皇帝",嬴政便自称始皇帝,后世也因此尊称他为秦始皇。自此,"皇帝"一词便成为中国封建统治时期至高统治者的专属称号,历经了两千余年的传承。

名号既定,接下来的便是大刀阔斧的改革。既然要实现真正的统一,就必须推行一统的规制。于是,他下令齐、楚、燕、韩、赵、魏六国故地,均须遵循秦制。这便是书同文、车同轨、行同伦、度同制、币同种的开始,中华大地在秦始皇的引领下,迈向了前所未有的统一时代。

没改之前什么样子呢?

在秦始皇统一之前,春秋战国时代,礼崩乐坏,诸侯国各自为政,各行其是,每个国家都有自己的一套标准。

举个例子,一个赵国人若想去韩国,他得在边境换购一辆符合韩国规格的马车,否则可能会因车辆规格不符而无法通行;再比如,各国使用不同的文字,书信往来时,若非饱学之士,恐怕难以解读;在商业交易中,由于各国衡量标准不一,国际间的商贸活动常常引发纷争。

嬴政目睹这种混乱状况,深感此等乱象绝不可继续下去!于是,他果断颁布法令:无论臣民原属哪个国家,现在全国的马车、兵车两轮之间的宽度必须统一为六尺;以前那些五花八门的文字全部废止,全国人民统一学习秦文;此外,诸如尺子、秤砣、量斗等度量工具,也必须全国统一标准。这样一来,才真正有了个国家统一的样子。

自此之后,尽管中国历史经历了多次统一与分裂,但"车同轨,书同文,行同伦"的理念所铸就的大一统思想,在几千年的历史长河中传承不绝。

管理有招

企业文化与制度之间的差异显著，制度带有一种外在的强制性；而文化则能消解这种隐形对立，它深植于员工内心，化作他们的自觉行动。简而言之，制度是一种硬性的规范力量，而文化则是一种更为深层的、自然的整合力。

文化的核心特质在于其自我整合的能力，这种力量如此强大，以至于它能在潜移默化中影响每个成员的思维和精神世界，最终升华为一种群体性的自觉意识。

那么，如何有效地培育这样的企业文化呢？

第一，做好 VI（视觉识别）建设。

构建一个统一的文化形象，打造独特的文化 IP，实现形象的立体化和视觉化，从而让团队的形象深深烙印在每个人的心中。这包括统一团队的 VI 系统，如工作环境的布置、文化墙的设计，以及品牌 logo 等所有可视化的表现形式。此外，企业还可以通过横幅、精英榜、明星员工展示、月度或季度优秀团队和员工展示等多种形式，让团队文化更加生动和具体。

第二，构建好制度文化。

要明确界定行为的边界，同时也要允许在创新的道路上进行试错。团队制度文化的推广，旨在让每一位员工都明确团队的行为规范、激励机制、薪酬制度以及工作流程。一个稳定的集体，必须建立在共同遵守的行为准则之上，以此来约束和规范所有成员的行为。同时，这些行为准则还需要配以相应的违规处罚措施，以确保规定的有效执行，不让其成为一纸空谈。

第三，精心组织企业文化培训。

企业文化的培训工作至关重要，它应从新员工的欢迎仪式、融入过程及初步培训开始。企业文化的精髓将渗透到员工的日常行为中，因此，企业需要通过系统的培训来传达这一文化，利用考核机制来激励员工，并通过实际工作来不断深化员工对企业文化的理解，从而将企业的理念真正转化为员工的自觉行为。为此，我们必须制定详尽的培训规划。

针对新人的培训，企业首先要全面介绍企业文化和团队文化，让新员工对其有一个整体的认识。随后，通过具体案例或实践活动来进一步阐释这些文化理念，使员工能够更直观地理解和感受。此外，企业还需要进行思想教育，引导员工树立正确的价值观和职业观。

在考核激励方面，企业应对那些积极践行团队文化的员工进行表彰和奖励，将他们树立为榜样，给予现金奖励，并在文化传承墙上展示他们的风采。这将有效激发其他员工的积极性和进取心。

为了深化员工对企业文化的理解，企业需要编制系统的员工培训手册，并根据岗位特点进行针对性教育。手册内容应尽可能详尽，以便员工随时查阅和学习。同时，企业需要邀请经验丰富的员工担任指导老师，通过老带新的方式，进行互动式教学。在培训过程中，企业需注重将培训内容转化为解决实际问题的方法，以提高员工的实践能力。

在人性里精巧"画饼",驱动团队自主赋能

> **管理的顶层逻辑**
>
> 用国者,义立而王,信立而霸。
>
> ——《荀子》
>
> 治国的人,树立道义就能称王,树立信念就能称霸。

> **大佬管理哲学**

在起义之初,闯王李自成不仅被朝廷打上"反贼"的标签,还被普通民众视作"流寇"。由于缺乏深厚的群众根基,他在与明廷的较量中屡屡受挫,被迫四处游击,处境颇为窘迫,甚至一度沦落到仅率

十几人藏身深山的境地。

然而，当他从商山重整旗鼓后，在高人的指引下，策略发生了转变。他开始专注于与明政府的对抗，同时避免侵扰百姓。政治上，他推行了一系列新政策，如"均田免粮""平买平卖""割富济贫"等。特别是在陕西、河南等旱灾严重的地区，李自成不仅分发粮食，还拨发救灾款项。

> 大家别争、别抢！有我李自成一口吃的，就有百姓的！

那么，李自成军队不向百姓征税，他们的给养从何而来呢？

答案是从百姓那里公平购买。而购买所需的资金，则是通过夺取明政府的官仓和府库而来。一旦获得了这些资金，李自成便能从民众那里购得所需物资。当官仓中的粮食过剩、无法全部运走时，李自成还会大方地"开仓放粮",以救济百姓。

这些举措使李自成在民众心中的形象发生了翻天覆地的变化,他逐渐被看作是救世主般的存在。

渐渐地,民间开始流传这样的说法:

朝求升,暮求合,近来贫汉难存活。
早早开门拜闯王,管教大小都欢悦。
杀牛羊,备酒浆,开了城门迎闯王,
闯王来了不纳粮。

此民谣的作者已不可考，不过可以猜想，是不是李自成团队刻意向民众传输的一种信念呢？

当人们唱起这些歌谣时，每个人都笑容满面，眼中闪烁着期待的光芒，急切地盼望闯王的早日到来。在这样的氛围下，李自成的势力急剧扩张，短时间内便会聚了百万之众，声势浩大，气焰滔天。

管理有招

一个卓越的团队，必须构筑起一种共同的理想信念，这种信念能够深深植根于每个团队成员的心中，通过信念的凝聚，从而激发出无与伦比的团队协同力。

信念对于团队而言，就如同战场上的军旗。只要那面军旗在风中飘扬，战士们就会勇往直前，无所畏惧。军旗的每一次挥舞，都是战士们进攻的方向。同样，一个团队的领导及其成员们所共有的目标高度、信心的深度和恒心的强度，将直接决定该团队的发展速度和事业的远大前程。信念或许并非成功的同义词，但它无疑是通往成功之路上的重要铺路石，为团队在面临挑战时开辟道路，搭建桥梁。

第一，确立清晰的事业理念。

企业必须深刻理解自己所从事的事业，明确其内在的价值和意义。这不仅仅是企业对自身价值的认同，更包括对客户、对社会以及对员工的价值的全面认识。企业的事业理念需要能够引发广泛的价值共鸣，吸引志同道合的伙伴。

换而言之，如果企业的事业能够为员工提供优厚的收入，那么追求经济回报的人才就会会聚而来；如果企业的事业能够为社会的进步贡献力量，那么具有社会责任感的人才就会主动寻求加入。企业的目标应该是将每一项工作都做到极致，达到行业的顶尖水平。树立鲜明的企业价值观，并制定具有前瞻性的企业愿景，这是打造教导型组织的核心任务。

第二，寻求志同道合的伙伴。

众多企业在招聘时，常常以薪水为诱饵，然而这种方式可能仅仅能吸引到那些看重物质回报而非真正投入工作的人。因此，在招聘过程中，我们应该明确传达我们的事业理想和理念，以此吸引那些怀揣事业心、积极融入团队的优秀人才。若无法招募到这样的人才，员工队伍将难以培育出坚定的信念。

第三，管理者需兼具导师与教育者的意识。

作为企业管理者，应该自觉地将自己的信念传递给员工，通过言传身教来塑造他们的观念。当管理者怀揣导师与教育者的使命感时，就能够在团队中营造出一种充满信念的氛围。这如同我们进入寺庙时所感受到的那种庄重与虔诚，即使是非信徒也会在那样的环境中受到感染，变得恭敬而肃穆。这种氛围的形成，源于每一位到访者的虔诚表现，而这种虔诚又是由守护寺庙的僧人所传递和影响的。同样地，管理者也应该通过自己的行为和言语，为员工营造一个充满信念与热情的工作环境。

第三章
感召：
把握恩惠原则，使追随成为理所当然

在中国式团队中，一定要善打人情牌

管理的顶层逻辑

> 定公问："君使臣，臣事君如之何？"
> 孔子对曰："君使臣以礼，臣事君以忠。"
>
> ——《论语》

鲁定公问："对于君主与臣子之间的关系处理，你有什么具体的方法和建议吗？"

孔子回答："作为君主，应当按照既定的规章制度和礼仪来对待臣子；而作为臣子，则应当以忠诚和尽责的态度来协助上级。"

大佬管理哲学

孙策离世，江东重臣张昭和周瑜都从孙权身上看到了潜力，并愿意全心全意辅佐他，这不仅仅因为孙权是孙策的弟弟。

孙权掌权江东后，庐陵太守孙辅因忧虑其年轻难以稳固江东局势，故而暗中与曹操往来。孙权识破其意图，不动声色地将孙辅的亲信一一剔除，并将其调离原职，置于自己直接监控之下。

庐江太守李术，虽曾受孙策之恩，领受三千兵马，却对孙权的统治心生不服，甚至招揽孙权的部下。孙权致信索回，李术却傲慢回应："有德之士自来归附，无德者自然叛离，哪有归还之理！"

孙权闻之大怒，但他并未轻率行事，而是先修书一封给曹操，言明李术曾杀曹操部下严象，并表示自己即将讨伐李术，希望曹操不要插手。于是，"术求救于操，操果然不救"。最终，孙权攻破了李术的城池，"遂屠其城，枭术首"，并将李术部下两万余人迁离。

在赤壁之战中，鲁肃立下赫赫战功。孙权以马鞍相迎，亲自下马接待，令鲁肃受宠若惊。这不仅是孙权对鲁肃的嘉奖，更是他独特管理魅力的体现。

周泰在孙策麾下已屡建奇功，归附孙权后，依旧表现出色，甚至两次救了孙权的性命。孙权掌权后，立即拜周泰为平虏将军，赋予他统领名门子弟的重任。然而，由于士族观念根深蒂固，一些将士并不情愿听从海盗出身的周泰指挥，导致部队纪律松散，战斗力大打折扣。

面对这一困境，孙权巧妙地运用了情感策略。他特意设宴款待周泰及其部下，席间气氛融洽。当酒酣耳热之际，孙权亲自为周泰敬酒，并请他解开上衣，展示身上的累累伤痕。孙权逐一询问这些伤痕的来历，周泰一一作答。孙权听后，含泪感慨道："周将军，你为我们兄弟在战场上英勇奋战，如熊似虎，从不顾惜自己的身体。你身经百战，伤痕累累，我怎能不视你为至亲，委以重任？你是东吴的功勋之臣，我愿与你同享荣光，共担屈辱！"

> 周将军就是我的良将，是我兄弟！

这番肺腑之言，不仅让老将们心悦诚服，更激发了将士们的斗志。他们为能跟随周泰而感到自豪。周泰也深感被尊重与爱护，从而焕发出更强烈的战斗激情。在他的带领下，一支战斗力极强的铁军应运而生，屡破强敌，关羽亦曾败在他们的手下。

周泰离世之后，孙权决定由骁将朱桓接替他的职位。晚年朱桓病后初愈，准备重返军营。孙权对他寄予厚望，深情说道："天下未定，我仍需将军你独挑大梁，与东吴共同进退。"老将军闻言动容，回应道："老臣即将重返战场，不知何时才能再次拜见陛下。此刻，我有一个愿望，若能轻抚陛下的胡须，此生便无憾了。"孙权听后，微笑着倾身向前，将头靠近朱桓。

> 今日，我真是真正触摸到了虎须了！

孙权并未因此感到君威被冒犯，反而放声大笑，这份包容与气度令在场众人折服。

正如俗语所说：地低成海，人低成王。孙权为了东吴的繁荣稳定，不惜放低身段、谦逊待人，他无愧于"吴大帝"这一殊荣。

管理有招

"令之以文，齐之以武"，这是《孙子兵法》中的精髓思想。移植到管理中，即要求领导者在驾驭下属时应刚柔并济，既维系了人情，

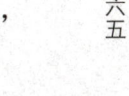

又彰显了权威，从而赢得下属的由衷敬服。

换言之，管理工作既可以依托明确的制度、严明的纪律以及必要的惩处措施来实施强制性的硬管理，同时也能够通过教育培训、情感引导及正向激励等手段来践行温和的软管理。

第一，严格执行法规。

"惩罚，旨在纠正混乱，使民众对上级产生敬畏。"实际上，对于那些固执且违纪的个体，单纯的说教往往难以促使其改过。因此，对于那些胆敢触碰制度红线的下属，我们必须采取严厉措施，给予重罚，甚至在必要时坚决予以清除，以确保整个团队的秩序与纪律。

第二，实施精神激励策略。

虽然物质激励是留住人才必不可少的措施，但并非上策。真正能让下属忠心耿耿跟随的，是情感共鸣与共同的价值观。激发下属的最佳方式，是满足他们在精神上的深层次需求，特别是自我实现和成就感的追求。因此，在激励过程中，我们不仅要关注物质奖励，更要从精神层面进行激励。例如，赋予重要职责、薪酬倾斜政策、提供培训机会等。这样的激励方式，即便在面临财务困境时，也能保持团队的凝聚力和战斗力。

第三，培育人性化的价值观。

中国式领导应具备耐心与和蔼的素质，并持续培养这种价值观。人是有情感的，尊重被管理者的人格，也会赢得他们的尊敬和忠诚。他们有自己的家庭、朋友，有喜好与厌恶。若领导者总是以高高在上的姿态出现，冷漠对待下属，就会削弱他们的工作动力。"己所不欲，勿施于人"，这是管理上的基本准则。当然，这并不意味着领导者无原则地迁就员工的错误。

既不做作，又让别人总是觉得欠你的

第三章 感召：把握恩惠原则，使追随成为理所当然

管理的顶层逻辑

> 惠不在大，在乎当厄；怨不在多，在乎伤心。
> ——《格言联璧》

恩惠之深沉，不在于场面之宏大，而在于适时给予的温暖；怨恨之难消，不在于频次之高低，而在于心灵被触痛之深刻。

大佬管理哲学

晁盖等七人夺取生辰纲后，济州缉捕何涛探得了风声，匆匆赶至郓城县，寻得宋江，意欲联手宋江追捕首犯晁盖。宋江机智应对，以

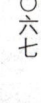

县令正在午休为由，暂时稳住了何涛，并吩咐下人以上好酒菜款待，自己则迅速赶往晁盖家中，通风报信。

正所谓"滴水之恩，涌泉相报"，在这紧要关头，晁盖与宋江的情谊得以迅速加深，由原本的泛泛之交升华至生死与共的挚友。这一事件也为宋江日后稳坐梁山首领之位，奠定了坚实的情感基石。宋江此举，不仅赢得了晁盖的深厚感激，更让吴用等人对他的看法大为改观，均铭记了他的大恩。

事后，身陷困境的宋江躲入后周皇族柴进府邸。尽管此时的宋江身份是逃犯，但因其响亮的江湖名号，柴进对他极为敬重，以最高规格的礼仪接待了他。

此时，武松也恰好在柴进的府邸中。起初，柴进对武松亦是礼遇有加，然而，因为不懂人情世故，武松与庄客间的矛盾频发，柴进对他的态度也渐显怠慢。当武松病倒时，竟无人照料，只得在廊下自己生火煎药。

一日，武松在廊下煮药，宋江路过时不慎掀翻了火锨柄。武松本已心情不佳，一怒之下便要动手，幸而柴进及时出面阻止。此刻，宋江反而安抚起武松来。

宋江的大度与赞誉，让在柴进府上受尽冷落的武松感激不已。对于江湖人而言，名声至关重要，被人轻视的滋味实在难熬。

宋江亲切地拉着武松的手，共同出席了柴进为他准备的酒宴，甚至邀请武松同坐主座。这份殊荣让武松倍感荣幸，在他落魄之际，竟能得到如此声名显赫之人的厚待，内心对宋江的感激之情溢于言表。

而更令武松折服的是宋江的细心与体贴。作为一个逃亡在外的大男人，武松常因醉酒与柴进府中的人发生冲突，生活陷入混乱，连一件像样的衣服都没有。宋江看在眼里，记在心上，他慷慨解囊，为武松定制了几件合身的衣服。这份关怀让武松心生臣服。

当武松决定回家时，尽管宋江自己也是逃犯身份，在柴进府内寻求庇护，但他却坚持亲自送武松数十里路，直到夕阳西下。临别时，宋江还掏出银子相赠。武松此时彻底被打动，于是正式拜宋江为结义大哥，誓言生死相随。此后，在梁山的南征北战中，武松总是奋勇当先，为梁山立下了赫赫战功。

谈及李逵，他对宋江的崇拜可谓是深入骨髓。那日，在戴宗的指引下，李逵初次得知眼前之人便是江湖传说中的及时雨宋公明（宋江，字公明），情不自禁地想要下跪行礼，却被宋江及时拦下。李逵心怀敬

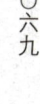

意，欲邀请宋江共赴饭局，然而他素日里酷爱赌博，当时囊中羞涩。

于是，李逵心生一计，对宋江谎称自己曾将一大块银子典当，换得了一小锭十两的银子，现在希望借宋江十两银子去赎回那块大银子。这番话，明眼人一听便知是托词。宋江听后，却并未揭穿，只是轻声问道："只用十两银子去取。再要利钱吗？"言下之意，是询问李逵赎回大银子时，是否准备了利息，若是没有，他愿意继续资助。

然而，李逵又将这十两银子赌输了，为了挽回颜面，他竟要横抢回了输掉的银子，还动手打了人。事发后，宋江并未责备李逵，反而宽慰道："贤弟若要银子，尽管向我来要。今日既然已经输给了他，就快快还给他吧。"

自那以后，李逵对宋江死心塌地，甚至连命都愿意送给这位"好大哥"。

管理有招

人类是充满情感的生物，我们天生就倾向于在社群中生活。然而，社群中的个体往往处于不同的社会层级。在这种情况下，恰当地投入情感，让下属感受到你的关怀与帮助，他们自然会对你产生敬意，进而全心全意地跟随你。

在实施此策略时，我们可以参考以下几个高级管理原则：

第一，巧妙施惠。

古人有言："小惠养人，大惠养仇。"作为领导者，精准把握施惠的度至关重要。具体而言，对于日常生活所需可以适当分享，但关键的生产资源必须掌控在领导者自己手中。以史为鉴，刘邦对韩信的策略便堪称精妙。他通过无微不至的关怀，将微小的恩惠发挥到极致，从而在紧要关头成功阻止了韩信的背叛。

第二，宽恕与治理。

任何组织为了增强内部凝聚力，常采用奖惩并用的管理手段。在这种环境下，规则严明，许多成员可能因各种原因违反规定而面临惩处。杰出的领导者会敏锐地抓住这一时机，通过恰当地原谅下属的过失来展现恩情，从而使对方心生感激。例如，诸葛亮对孟获的七擒七纵策略，就是通过宽恕来赢得其忠心的经典案例。

第三，给员工施展才华的平台。

对于员工而言，最宝贵的帮助莫过于得到一个能够充分展示才华的环境，使自己能够自由地追求职业目标。给员工一个公平、公正、自由的发展平台，不仅会赢得下属深深的感激，还会通过他们的个人成长来推动整个组织的进步。

第四，施恩不图报。

从社会伦理的角度来看，人与人之间的互助与友好交流是社会公德的体现，并非每次帮助都需寻求回报。即便我们带有特定目的去施恩，也应保持一颗平常心。过度追求下属的回报往往适得其反，不仅损害自身形象，还可能破坏原本和谐的团队氛围。

第五，保持警觉，抵御诱惑。

在施恩过程中，我们要警惕那些以"报恩"为幌子，实则别有用心的行为。这种糖衣炮弹往往隐藏着不可告人的目的，其结果不言而喻。回报本应是基于人情的自然流露，而非刻意为之。若受惠者以重礼回馈，那么原本的善意帮助就可能变味。长此以往，必然陷入危险的境地。因此，我们必须坚守原则，抵御诱惑，做一个正直无私的人。

好处要落到实处，还要恰到好处

第三章 感召：把握恩惠原则，使追随成为理所当然

管理的顶层逻辑

> 轻财足以聚人，律己足以服人，量宽足以得人，身先足以率人。
>
> ——《小窗幽记》

不计较钱财，自然能吸引人心，凝聚团队；严于律己，必然能赢得他人的信任和尊重；胸怀宽广，乐于接纳，自会得到旁人的支持与援手；凡事身先士卒，率先垂范，方能成为引领众人的领袖。

大佬管理哲学

"本非将种,又非豪家,觖望风云,以至于此。可深思奇略,善克令终。开朱门而待宾,扬声名于竹帛,岂非大丈夫哉!"这是梁武帝萧衍对于陈庆之的评价。

在南北朝那个血统与门第观念深重的时代,特别是在经历"衣冠南渡"后以正统自诩的南朝,出身庶族的陈庆之如何能从文弱书生蜕变为威震一方的将领呢?

想要克敌制胜,麾下一支训练有素的精锐军队不可或缺。尽管陈庆之最初并非武将,但他在统率军队方面却展现了非凡的才能,这主要体现在以下三点:

一是能够善待士兵。《梁书·陈庆之传》有载,陈庆之性情谦恭谨慎,衣着简朴而不事奢华,既无一般名士对音乐之嗜好,亦不擅长骑射之术。然而,他却能体恤士卒,深得军心,使将士们甘愿为他出生入死。

二是深谙赏善之道。史书记载,陈庆之随萧衍东征西讨,平定建邺后逐步升任主书之职。他慷慨仗义,每当获得封赏,他总是慷慨地与部众共享而非独占其利。正因如此,他赢得了众人的敬仰与忠诚,将士们时刻准备为他浴血奋战。

三是精于提振军心。荥阳之战,当面临腹背受敌的严峻形势时,陈庆之果断发表了极具煽动力的演说:"吾至此以来,屠城略地,实为不少;君等杀人父兄、掠人子女,亦无算矣;天穆之众,皆是仇雠。我辈众才七千,虏众三十余万,今日之事,唯有必死乃可得生耳。虏骑多,不可与之野战,当及其未尽至,急攻取其城而据之。诸君勿或狐疑，自取屠脍。"

这段话是何意呢？

我们白袍军一路走来，已多次激怒敌国，他们现在对我们恨之入骨。再加上敌众我寡的局势，如果我们不奋力抵抗，那么生存之路将被完全封死。敌方骑兵数量众多，因此，我们不宜在野外与他们交战。唯有在敌军援兵未到之前，迅速攻占城池，坚守其中，这才是我们唯一的生机。这一点，希望大家深信不疑。

陈庆之在话末又补充了一句：只要我们成功入城，城中的金银财宝，大家可任意取用，它们都将属于你们。

对于普通士兵来说，打仗最直接的目的，除了提升军衔，就是追求财富。陈庆之虽是个文雅之人，但在这生死攸关的时刻，他明白，只有点燃士兵们内心最深处的欲望，才能让他们奋不顾身，全力以赴。

结果如何，可想而知。效果出乎所有人的预料，好得令人难以置信。荥阳城防坚固，守将杨昱手握七万大军，而魏将元天穆的大军也即将抵达。但陈庆之亲自擂鼓助威，士兵们英勇攀城，最终成功占领荥阳。之后，他又率领三千白袍勇士，背靠城池，与二十万魏军对战，结果大获全胜。

由于"陈家军"全都身着白色战袍，百姓们见证了南梁军队的一次次胜利，于是编了一首童谣。

我们熟知的"千军万马"这一成语，便是由此而来。

管理有招

企业持续繁荣，归功于员工的勤勉与投入。员工为企业的发展做出了显著贡献，因此，企业给予员工相应的额外回馈是合情合理的。故而，企业管理层不应吝啬，而应抓住适当时机对员工进行嘉奖，以此让员工深切体会到每一分努力都不会被忽视，每一滴汗水都会换来应有的回报。

第一，奖励需适度。

从管理学的视角来看，有效运用动力原理需精确把握"刺激量"。无论是"刺激量"不足还是过量，都难以充分发挥动力原理的效能。唯有适度的奖惩，方能达到激励与约束的双重目的。过高的奖赏会引发员工间的不满情绪，而过度的奖赏则可能导致无功受赏，从而削弱奖励的激励作用。因此，无论是过高还是过滥的奖赏，都难以有效调动员工的积极性。

第二，奖励应守信用。

古代兵书《尉缭子》有云："赏如日月，信如四时。"这意味着管理者在承诺奖励时，必须言出必践，保持信誉。若管理者随心所欲、出尔反尔，将使员工感到无所适从，进而导致组织内部人心不稳。长此以往，管理者的言辞将丧失其权威性和可信度。

第三，奖励需及时兑现。

只有在恰当的时间节点实施奖励，才能产生最佳的激励效果。古人曾强调"赏不逾时"，意在突出奖励的时效性。及时的奖励能够让员工迅速体验到善行的回报，从而增强其工作积极性。若奖励滞后或错失时机，其激励作用将大打折扣。

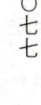

第四，明奖与暗奖的应用。

在国内，多数企业倾向于采用明奖制度，即公开评选并颁发奖励。明奖制度的优势在于，它能够树立明确的榜样，进而激发大多数员工的上进心和进取心。然而，这种方式也存在一些弊端。由于奖励是公开评选的，可能会出于情面考虑而出现轮流获奖的现象，从而使奖金变成了形式上的"大锅饭"。此外，公开颁奖容易引起员工间的嫉妒情绪，为了缓解这种嫉妒，获奖者往往需要按照惯例请客，这有时会削弱奖金的吸引力，甚至导致获奖者经济上的倒贴。

相比之下，国外公司更常采用暗奖制度。管理者会私下里对表现积极的员工给予奖金或其他形式的"红包"，并附上一份说明奖励理由的便条。暗奖制度不会对未获奖员工产生直接刺激，但能有效激励获奖者。由于奖励的私密性，未获奖员工也不会产生嫉妒情绪，因为无人知晓具体的奖励情况和数额。

综上所述，明奖与暗奖各有其优势和局限性。因此，我们不应偏执于单一方式，而应灵活运用两种奖励方式，以充分发挥它们各自的长处。一种较为理想的做法是将大奖设置为明奖，如年终奖金、创新建议奖等，因为这些奖项难以轮流获得，且创新建议等有具体证据可查，从而避免了"大锅饭"现象。而对于月奖、季奖等小型奖励，则更适宜采用暗奖方式，以切实发挥其激励作用。

利用细节运作，悄然给团队埋下固态情怀

管理的顶层逻辑

> 古之圣君之于其臣也，疾则视之无数，死则临其大敛小敛，为彻膳不举乐，岂徒色取仁而实违之者哉？乃惨怛之心，出于自然，形于颜色，世未有不自然而能得人自然者也。
>
> ——《体论》

古代贤明的君主，对待臣子极尽关怀之情。臣子若微恙缠身，君主便屡次探望，嘘寒问暖；若有臣子辞世，君主更是亲力亲为，参加其大敛、小敛之礼，以示深切的哀悼。其间，君主还会减膳撤乐，以示哀思。这绝非表面上的仁义之举，而是君主内心深切的悲痛之情自然而然地流露于言表。

大佬管理哲学

战国时期,魏国有一位名叫侯嬴的高士,年逾七旬,仍在大梁夷门担任守门小吏。信陵君魏无忌听闻此人名声,亲自携带厚礼前往拜访,侯嬴却坚决辞受,并不给魏无忌面子。

魏无忌又设下盛宴,待宾客齐聚一堂后,他亲自驾车赴东城门迎接侯嬴。侯嬴稍事整理衣帽,便毫不客气地坐到了马车上最尊贵的座位上。面对侯嬴的傲慢,魏无忌依然一脸恭敬。侯嬴随后又提出请求:"我有个叫朱亥的朋友在市集的屠宰铺工作,希望公子能屈尊载我去拜访他。"

魏无忌闻言即刻驱车前往。侯嬴下车后与朱亥闲谈,眼角余光却不住地瞥向魏无忌。

市集上，人们纷纷驻足观望，议论声此起彼伏。他们目睹魏无忌亲执缰绳，为侯嬴驾车，皆感诧异。

随从们私下里对侯嬴的行为颇为不满，窃窃私语中难掩责备之意。然而，魏无忌始终面带微笑，神情自若。侯嬴见状，方与朱亥道别，登车而归。

抵达魏府，魏无忌亲自引领侯嬴至上座，并向满堂宾客隆重介绍。众人愕然，对这位看似平凡的守门小吏刮目相看。酒过三巡，魏无忌起身，举杯向侯嬴敬酒祝寿，场面甚是温馨。

侯嬴借此机会坦言相告："我本是一介守门人，公子却屈尊降贵，于众目睽睽之下亲自迎接。我故意让公子在市集久等，以试探公子的诚意和耐心。事实证明，公子不仅未生怨怼之心，反而愈发恭敬。我此举虽令自己声名受损，却成就了公子的美名，传扬了公子礼贤下士的佳话。"

言罢，侯嬴又向魏无忌推荐朱亥："我所拜访的那位屠夫朱亥，实乃贤才。只可惜世人不识，使他埋没于市井之间。"魏无忌闻言，数次造访朱亥，虽未见其回拜，却愈发觉得此人非同凡响。

公元前257年，秦军重兵围困赵国都城邯郸，赵国陷入了空前的危机。

魏无忌的姐姐乃是赵国丞相平原君赵胜之妻，因此，平原君频频向魏安釐王与魏无忌发出求救信，盼望魏国能伸出援手。

然而，魏安釐王对强大的秦国心存畏惧，迟迟不敢采纳魏无忌的抗秦救赵之策。魏无忌眼见赵国岌岌可危，自己无法坐视不理，于是动员门客，集结百余辆战车，准备亲赴战场，与秦军展开生死对决，誓与赵国共存亡。

魏无忌的车队经过东门时，他特意去拜访了侯嬴，将自己决意与秦军决一死战的计划倾囊相告。侯嬴的反应却出乎意料地冷淡，他只是淡淡地说："公子加油吧，我就不跟你们一起去了。"

魏无忌带着满心的疑惑和不解继续前行，但心中却越发不安。他想："我平日里对侯老先生敬重有加，关怀备至，此事天下皆知。如今我即将奔赴战场，生死未卜，他为何连一句临别之言都不愿赠予我？难道是我有何不周之处？"思及此，他毅然掉转车头，返回向侯嬴求解。

侯嬴再次看到魏无忌，不禁笑了："我早知道你会回来。公子素以养士闻名于世，但如今面临困境，却只想与秦军硬拼。这岂不是将肉投给饿虎，徒劳无功吗？"

魏无忌闻言恍然大悟，对侯嬴深施两拜之礼，恳切求教。

侯嬴屏退左右，低声密语道："我闻魏王兵符常藏于寝室之内，而如姬得宠，能自由出入其中，定能窃取兵符。又闻如姬有杀父之仇未报，多年来耿耿于怀。公子曾助她报仇雪恨，她必定感恩戴德，愿为公子效死。公子若向她求助，必能得手。届时夺取晋鄙之军，北救赵国，西退秦军，此等功勋足可与春秋五霸相媲美！"

魏无忌醍醐灌顶，遂转请如姬出手相助，窃取兵符。如姬果不负所望，成功盗得可调动晋鄙大军的虎符，交于魏无忌手中。

魏无忌即将启程，侯嬴郑重嘱托："将领在外征战，有时需权宜行事，以国家利益为重，不必拘泥于君命。你即便持有虎符，倘若晋鄙心生疑窦，不肯交出兵权，反而向魏王求证，那事情就变得棘手了。我挚友朱亥，虽一介屠夫，却身怀绝技。你可邀他同行，若晋鄙顺从则罢，倘若不从，朱亥可取其性命。"

魏无忌依言，诚邀朱亥相助。

朱亥闻言笑道："我本是市井中的屠夫，公子却屡次垂顾，我之所以未曾报答，是因小恩小惠难以表达我的感激之情。如今公子有难，正是我竭尽全力、以死相报之时。"于是，朱亥毅然与魏无忌同行。

一行人抵达邺地，晋鄙正欲拒绝从命，说时迟那时快，只见朱亥猛然抽出四十斤重的铁锤，瞬间将晋鄙击杀。

魏无忌顺势接管晋鄙大军，整顿军纪，号令全军："凡父子同在军中者，父归；兄弟同在军中者，兄归；独子无兄弟者，亦归以养父母。"经过一番筛选，最终留下精兵八万，向秦军发起猛攻。秦军猝不及防，只得解围撤退。

魏无忌凭借此战成功解救邯郸，使赵国得以存续。赵王与平原君赵胜亲临边境迎接魏无忌，赵胜在前引路，赵王对魏无忌深施两拜之礼，感慨道："自古以来贤人无数，然无人能及公子之德才兼备。"此刻的赵胜亦自愧不如，觉得自己难以与魏无忌相提并论。

管理有招

许多管理者常误以为领导地位就意味着需要保持一种高高在上的姿态，因而他们往往忽视下属的意见，避免与下属沟通交流，以此来维护自己的权威。然而，这种做法往往适得其反。真正优秀的管理者，并非通过严肃的面孔来树立权威，而是通过平易近人的态度来赢得他人的尊重。在企业管理或事业发展中，领导者更需放低姿态，不耻下问。

第一，周到的欢迎之礼。

当新员工报到的第一天，仅仅口头表达欢迎的管理者可能会说："小陈，你作为北大的优秀人才，加入我们团队肯定不会让你吃亏，快去整理一下你的办公用品，准备开始工作吧！"而一个细心体贴的管理者则会提前为新员工准备好办公桌椅和其他必需品，然后说："小陈，我们非常欢迎你加入我们的团队，与你一同努力。你的办公用品都已经准备好了，看看还有什么需要，尽管告诉我。"

同样的欢迎之词，前者显得空洞而浮夸，后者则通过实际行动表达了对新员工的尊重和欢迎，两者之间的差距显而易见。

第二，记住下属的生日。

每个人的生日都是其个人重要的日子。管理者若能提前了解并记住员工的生日，适时送上祝福或参与庆祝，无疑会给员工留下深刻的印象。这种细微之处的关怀，或许在当时并不显眼，但一旦员工体验到不同领导风格之间的差异，便会深切感受到这份温暖。庆祝生日的方式可以多种多样，无论是发放奖金、赠送蛋糕、共进晚餐，还是送上一束鲜花，都能达到良好的效果。若能再附上几句真诚的祝福和鼓励，更是锦上添花。

第三，下属生病时及时表达关心。

"你在的时候，我们没觉得你有多重要。可现在你不在，我们的工作就乱了套。看来我们真的不能没有你，所以你一定要安心养病，尽快回到我们中间来。"这样的话必然会让员工深受感动，身体痊愈后势必会更加努力工作。在员工困难时期给予的关怀和支持，不仅体现了管理者的仁爱之心，更能激发员工的归属感和工作热情。

让大家心甘情愿为你工作

管理的顶层逻辑

> 夫将帅者,必与士卒同滋味而共安危,敌乃可加。
>
> ——《三略》

作为一支军队的统帅,唯有能与士兵们共同经历甘苦,建立起深厚而坚实的纽带,方能充分调动他们的力量,以战胜强敌。

大佬管理哲学

战国时期的吴起以精湛的兵法、灵活的战术和卓越的领导才能著称,与被誉为"兵圣"的孙武齐名。

吴起在战场上的辉煌胜绩,源于他对兵法的精湛掌握、对敌情的深入了解，以及能根据战场形势灵活调整战略的能力。然而，他成功的关键更在于他深知士兵的重要性，他爱护士兵，愿意与他们同甘共苦，这种紧密的团队联系为他赢得了士兵们的衷心拥护。

历史记载，吴起身为统帅，却从未摆出过高高在上的姿态。相反，他与普通士兵同吃同住，共担苦难。他吃的是同样的饭菜，穿的是一样的军装，甚至在睡觉时也不铺席子，行军时不骑马不乘车，还亲自背负重物，以减轻士兵的辛劳。

在与秦国的战争中，吴起更是以身作则，鼓舞士气。他亲自上前线，以荒野为营，夜宿田埂，仅以树叶遮身以避寒露。

曾有一次行军途中，一名士兵因痈疽病痛苦不堪言。在医疗条件极其艰苦的情况下，吴起看到士兵的伤口有感染的危险，他毫不犹豫地用嘴吸出脓血，及时防止了伤口感染。有了这样一位身先士卒、与士兵同甘共苦、视士兵如子的主帅，士兵们怎能不为之感动，不为之拼尽全力呢？

据传，当时这一消息传至士兵的家中，乡亲们都为吴起的仁义之举而赞叹不已，然而士兵的母亲却突然放声大哭。众人初时以为她是因感动而流泪，但随着她的哭声愈发悲切，人们察觉到了异样，于是纷纷询问："你的儿子只是个小兵，吴将军却亲自为他吸脓疗伤，这是何等的荣耀，你为何如此伤心地哭泣呢？"

士兵的母亲哽咽着向乡亲们诉说："事情并非你们所想的那么简单。想当年，我孩子的父亲也曾受过吴将军的吸脓疗伤之恩，为了报答这份恩情，他不久后在战场上奋勇杀敌，最终战死沙场。如今我的儿子也受到了吴将军同样的恩惠，我担心他也会因为感激而走上他父亲的老路。我不知道儿子将会在何处战死，想到这些，我便忍不住悲痛欲绝。儿子是我心头之肉，我多么希望他能留在我身边，远离战场的硝烟啊。"

乡亲们听后，无不陷入沉思，默然无语。

> 管理有招

提升组织绩效的精髓在于赢得人心。当管理者凭借自身的热情、坚定的信念、无畏的勇气、强大的信心和忠诚的态度赢得团队成员的信赖时，长期困扰的难题，如员工的懈怠态度、忠诚度不足以及激励措施的乏力等，都将得到有效解决。这将显著提升组织的运作效率和竞争力，进而推动事业的蓬勃发展。

第一，发挥标杆的引领作用。

标杆的影响力是深远的，员工始终在观察并效仿他们的领导者。领导者通过身体力行的示范，塑造出优秀的行为典范，从而激发员工追求卓越，共同构建杰出的企业环境。

实际上，卓越的管理者总能通过自身的示范效应来影响和激励他人。他们通过这种方式，吸引员工成为其忠实的追随者，共同面对挑战，攻坚克难。同时，他们以此鼓舞团队向着既定的目标奋勇前进，赋予他们实现成功的动力。

第二，以情理并重的态度关怀下属。

下属在工作和生活中总会遇到难以解决的问题，需要管理者的协助和调解。作为管理者，应当深切关注他们的困境，绝不能冷眼旁观或置之不理。特别是对于那些在日常工作中提出异议的员工，更应主动伸出援手（这也是促进思想交流的良好契机）。在符合规定和政策的前提下，管理者应果断地帮助他们解决实际问题。即使一时无法完全解决，只要管理者竭尽所能，员工也会深感感激。相信只要管理者真诚付出，必然会收获员工的支持与信赖。届时，管理者所带领的团队必将展现出团结一心、充满活力的崭新面貌。

第三，勇于承担责任，率先垂范。

团队协作的基石在于每个成员都怀有坚定的胜利决心。团队协作超越了一般的友好关系，它要求的不仅仅是成员间的和谐共处。

为了激发团队成员对胜利的渴望，领导者自身必须展现出比其他人更强烈的求胜意志。当领导者以"即便孤身一人，也要战斗到底，夺取胜利"的决心融入团队，并亲自带头冲锋陷阵时，团队成员将逐渐感受到这份热忱。这将促使团队目标更加统一，凝聚力日益增强。

相反，如果领导者过分强调个人作用，他可能会逐渐与团队脱节，最终陷入孤立无援的境地，导致全面的失败。

值得注意的是，尽管领导者需持有坚定的求胜心，但在实际工作中，应让团队成员担任主角，成为闪耀的英雄。这正是管理艺术的精髓所在。

第四章

触动：

降维沟通，发挥谈话的「催眠效应」

带着目的去倾听，让优秀的人主动拉近距离

管理的顶层逻辑

视听之政，谓视微形，听细声。形微而不可见，声细而不可闻，故明君视微之几，听细之大，以内和外，以外和内。故为政之道，务於多闻，是以听察采纳众下之言，谋及庶士，则万物当其目，众音佐其耳。

——《便宜十六策》

治国理政的精髓，在于洞察那些常被忽视的问题，聆听那些鲜为人知的见解。唯有细心观察、倾听，方能使底层的声音上达天听，从而夯实国家的根基，确保民众的安定生活。当君王能够广纳群臣与百姓的谏言时，世间万物便如同他的眼睛，各种声音就如同他的耳朵。如此，君王便能洞悉世间一切，了如指掌。

大佬管理哲学

贞观之初，唐太宗李世民孜孜不倦地学习如何成为一代明主。朝堂上，他与大臣共商国策；私下里，他也常与亲信大臣们倾心交谈。在这些亲信大臣中，魏征因敢于直谏而深得他的赏识，时常被邀至宫中。

某日，唐太宗与魏征闲聊时，向魏征求教明君与昏君之别，魏征一一作了回答。

> 明君于纳百川，倾听各方意见。

> 昏君则偏听偏信，仅依赖宠臣之言。

> 昔日秦二世不见朝臣，独宠赵高，终至天下大乱。

> 隋炀帝偏听虞世基之言，导致对国家的实际情况一无所知。

唐太宗听后，郑重地写下"兼听则明，偏信则暗"八个大字，并深有所感地称赞道："此言甚是啊！"

为了体察民情，唐太宗常轻车简从，出宫巡视。某次他驻跸洛阳，途经昭仁宫时，因接待不周而大为不满，欲严惩负责官员。魏征急忙进谏道："隋炀帝曾因苛责臣民不能提供精美食物，并根据地方官员进贡的多少与好坏进行赏罚，最终引发四方叛乱。这些都是陛下您曾经亲历的事情，为何如今还要重蹈覆辙呢？您若因接待不周而责怪官员，我担心会有人为了迎合您的心意，而献上珍馐美馔。长此以往，必将导致百姓生活困顿。既然天命所归，让您取代隋朝，您就应该勤勉治国，节俭为民，怎能贪图奢华享乐呢？"唐太宗听后深受触动，沉思片刻后说道："若非你及时提醒，我岂能听到这样的忠言。想当年我攻打隋军时，曾途经此地，当时只能买饭充饥、租房安身。如今能有这样的待遇，我已心满意足。"

长乐公主即将出嫁，她身为长孙皇后嫡出之女，聪慧且温婉，因此深受太宗的宠爱。而她的未婚夫正是长孙无忌之子，这段姻缘不仅亲上加亲，更显得分外珍贵。于是，唐太宗下令为心爱的女儿准备丰厚的嫁妆，琳琅满目，种类繁多，甚至超过了给予皇姑永嘉长公主的陪嫁。

然而，魏征却提出了不同的看法。他引用汉明帝的典故，提醒太宗应公平对待子女，不应过分偏爱。他说："昔日汉明帝欲赐封皇子采邑时，曾言：'吾子岂能与先帝子比肩？'故仅赐楚王、淮阳王半数封地。今公主之嫁妆，反超永嘉长公主一倍，岂非与汉明帝之旨大相径庭？"

唐太宗听后，深以为然，便将此事告知长孙皇后。长孙皇后由衷地感慨道："臣妾常闻陛下称赞魏征，却未曾深悟其故。今日见他以礼义之名，抑制君王之私情，方知他果真是辅佐社稷之良臣。臣妾与陛

第四章 触动：降维沟通，发挥谈话的「催眠效应」

（陛下不可如此！）

下结发多年，虽蒙厚爱，却仍需谨言慎行，不敢稍有触犯。魏征作为大臣，与陛下关系不及臣妾亲近，却能如此直言进谏，实属难能可贵。陛下当多纳其言。"

唐太宗对长孙皇后说："魏征所谏之事，前后达二百余件，皆合我心意。此非其忠贞为国，又能是何？"晚年的唐太宗更是感慨万分："我称帝前，房玄龄功劳最大；称帝后，则魏征功劳最著。"在这对君臣的共同努力下，社会便逐渐展现出了"贞观之治"的盛世风貌。

管理有招

我们深知倾听的重要性，然而，作为领导者，不仅要善于倾听，更要掌握"兼听"的艺术，避免陷入"偏听"的误区。这要求领导者遵循以下三个"必须"的原则：

第一，必须秉持人本理念。

有效的倾听要求管理者不仅树立"员工无小事，细节皆关情"的观念，更要持续展现"企业公仆"的精神风貌。在处理新矛盾、解决新问题时，面对员工的不解或抵触，"人本"理念是找到突破口的关键。对于员工的抱怨，要学会设身处地地思考，精准识别并高效解决核心问题；对于员工的诉求，则应以理服人、以情动人，用平易近人的语言进行解答和引导。只有真心实意地拉近与员工的距离，才能更真切地聆听他们的心声。

第二，必须坚持群众路线。

员工对企业政策的制定和执行有着最直接的感受和最有价值的反馈。只有广泛听取并汇聚员工的意见和建议，才能发现管理上的盲点和瓶颈，从而为企业和员工带来更大的利益。在推动企业持续发展的过程中，管理者应保持"虚心学习"的态度，积极向员工求教，集思广益，共同寻找解决难题的最佳方案。

第三，必须重视调查研究。

没有深入的调研就没有发言权。调查研究是揭示矛盾核心、精准解决问题的有力工具，也是汲取集体智慧的重要途径。实事求是、灵活应变是解决企业新问题的关键所在。为了汲取团队成员的智慧，领导者不仅要深入基层广泛听取意见，更要结合实际进行深入的调查研究。这需要领导者具备全局观念，防患于未然，通过全面的调研找到企业发展的正确方向。

允许提意见，但要掌控准确的采纳标准

第四章 触动：降维沟通，发挥谈话的"催眠效应"

管理的顶层逻辑

> 纳言之政，谓为谏诤，所以采众下之谋也。故君有诤臣，父有诤子，当其不义则诤之，将顺其美，匡救其恶。
>
> ——《便宜十六策》

作为国君，理当开放胸怀，广泛采纳各方意见，并谦逊地接受臣下的直言劝谏。正如为人之父者，期望有能坦诚相告的子女；为人之君者，则希望有敢于直抒己见的忠臣。如此，在他们的行为偏离正道时，忠臣孝子便能及时出言提醒，既化解了潜在的危机，又维护了为君为父的声誉与品德。

大佬管理哲学

公元前357年，田因齐夺取齐国君位，成为齐威王。同年，原吕氏齐国的国君齐康公离世，由于没有子嗣，其封地和俸禄全部归入了田氏齐国。此时，齐国政权更迭，国内政局不稳，韩、赵、魏三国看准时机，联手进犯齐国的灵丘。然而此时，初登大位的齐威王还未展现出日后的英武，他对齐国正面临的外部威胁浑然不觉，反而将国家大事尽数托付给大臣们，自己乐得清闲。大臣们对新君的性情摸不透，害怕因进谏而丢官失位，更担心会因此惹来杀身之祸，因此都选择谨言慎行。

危急关头，曾是田齐桓公重臣的邹忌挺身而出。他凭借自己精湛的琴艺，不仅重新获得了齐威王的青睐，更被安排在王宫右室居住，从而能更方便地拜见齐威王。

某天，齐威王正在弹琴，邹忌见他兴致颇高，便上前大加赞赏。齐威王面露愠色，放下琴，拔剑质问邹忌："你都没有认真听，就说我弹得好？你在阿谀我？"尽管齐威王表面看似昏庸，实际上他内心十分精明，早已计划着对朝中奸臣欲擒故纵，等他们恶行败露后再一网打尽。而此时的邹忌，恰巧撞上了他的枪口。

与此同时，邹忌的思绪也在飞速运转。他意识到齐威王可能只是在试探，这对他来说无疑是个大好机会。于是，他先是顺势赞美道："和谐共鸣，大小相辅相成，旋律回转却互不干扰，这正如四季的轮回。"接着，他以琴瑟作比进谏道："这其中的道理，难道仅仅局限于音乐吗？治理国家和安抚人民，不也是同样的道理吗？"

齐威王眉头微皱，疑惑地问道："治理国家和安抚人民，与这丝桐之间的音乐又有何干系？"

邹忌感受到了君王语气中的不快,但他仍然坚守臣子的职责,解释道:"音乐中旋律的复杂而不混乱,象征着国家的昌盛;而旋律的连贯与直接,则关系到国家的存亡。所以说,琴音和谐则天下太平。治理国家和安抚人民,就如同调整五音之和。"这番话终于唤醒了"装睡"的齐威王。

邹忌是位美男子,身材高大,神采奕奕。某日清晨,他站在镜前整装待发,对妻子问道:"我与城北的徐公相比,谁更俊美?"妻子笑盈盈地答道:"您俊美得无与伦比,徐公怎能与您相提并论?"城北的徐公,乃是齐国公认的美男子。然而邹忌却心存疑虑,于是他又向妾室询问同样的问题,妾室也毫不犹豫地回答:"徐公哪里及得上您的风采?"次日,有客来访,闲谈间邹忌再次提及此事,客人亦是赞不绝口:"徐公不如您俊美。"可是,当徐公真正出现在邹忌面前时,他仔细端详后却自愧不如。夜晚,他躺在床上反复思量,终于恍然大悟:"妻子说我俊美,是因为她深爱我;妾室如此评价,是因为她惧怕我;而客人之所以赞美,则是有求于我啊。"

于是,邹忌前往朝堂拜见齐威王,述道:"我知道自己的容貌不及徐公俊美。然而,因我妻子偏爱我,妾室惧怕我,客人有求于我,他们皆称我超越徐公。现今,齐国疆域辽阔,城池众多,宫中的嫔妃与近臣无疑都对您有所偏爱,朝廷重臣对您心怀敬畏,而举国上下皆有所求于您。由此可见,大王您所受的蒙蔽实在是深重啊!"

齐威王听后,深以为然,颔首道:"此言甚是!"

随即,他颁布诏令:"无论官吏还是百姓,能当面直谏我之过失者,将获上等奖赏;以书面进谏者,可得中等赏赐;若在公共场所议论我的不足,且能让我得知的,则赐下等奖赏。"此令一出,众多大臣纷纷前来进谏，宫门前人潮涌动，宛若市集。数月之后，仍有人不时前来进言；然而一年过后，即便有人欲进谏，也觉无话可说了。

燕、赵、韩、魏等邻国闻听此事，皆派遣使节前来齐国朝拜齐威王。

管理有招

许多管理者常常陷入一种误区，认为领导者必须高高在上，以此来回避下属的意见，避免与下属的深入交流，误以为这样可以塑造自己的权威。然而，这种做法往往适得其反，不利于企业的长远发展。

在企业管理中，真正的领导者懂得放下身段，积极采纳员工的建议，这是做出明智决策的关键。

第一，精准掌握细节。

在接收员工反馈时，管理者务必全面了解并详细记录所有相关信息，包括具体细节、时间节点、地点环境以及在场人员等。这一步骤的关键在于全面收集信息，而非进行评判。通过细致入微的倾听与记录，管理者能够积累起解决问题所需的完整数据，为后续的分析和决策提供坚实基础。

第二，明确且公正地表明立场。

处理员工反馈时，管理者应站在组织整体利益的角度进行考量。在表明自身立场时，需保持诚恳与公正，仅就事论事，针对问题本身及其潜在影响做出回应，避免对员工个人性格或能力进行评判。这样的处理方式既客观又公正，能够维护员工的自尊心和工作积极性。

第三，积极征询员工建议。

鼓励员工直接参与到问题的解决过程中，不仅能提升员工的归属感，还能提高解决方案的实效性和可执行性。对于复杂问题，管理者应坦诚地与员工沟通自己的解决思路，并探讨可能的解决方案，以确保员工感受到管理者的真诚和负责任态度。

第四，有效控制情绪。

在面对员工的抱怨或批评时，管理者需要展现出高度的耐心和自我控制能力。尤其是当员工的反馈直接涉及管理者自身，甚至让人感到尴尬时，这种情绪管理能力尤为重要。员工的反馈实际上是对管理者工作的一种监督和提醒，对此管理者应表示感谢，并向员工明确表达对其提供有价值建议的认可。当员工意识到自己的努力和建议得到高度评价时，他们将更加积极地为企业的发展出谋划策。

摆明利害关系，说服务必鞭辟入里

第四章 触动：降维沟通，发挥谈话的「催眠效应」

管理的顶层逻辑

与智者言，将此以明之；与不智者言，将此以教之，而甚难为也。故言多类，事多变。故终日言，不失其类，故事不乱。终日变，而不失其主，故智贵不妄，听贵聪，智贵明，辞贵奇。

——《捭阖策》

与智者交谈，我们可以运用巧妙的话语来清晰地阐述事理；然而，若试图以同样的话术去启迪那些缺乏智慧的人，却是难上加难。世间话题千差万别，事物变化无穷，但即便我们终日畅谈，也应始终围绕核心主题；即便外界环境千变万化，我们也不应迷失最初的目标。真正的智慧，其可贵之处在于脚踏实地、不虚妄；善于倾听，其精髓在于耳聪目明、反应灵敏。运用智慧，我们应以明晰事理为要；而表达观点时，贵在创新独特，不拘一格。精湛的话术，其真谛在于启发思考，而非简单灌输。

大佬管理哲学

961年的一天，赵匡胤特地邀请了几位禁军的高级将领——石守信、王审琦、张令铎、高怀德等人共饮，"杯酒释兵权"的序幕在这个不同寻常的夜晚缓缓拉开。

石守信等人接到与皇帝共饮的邀请时，他们心中满是困惑，不知道皇帝此举背后有何深意，席间弥漫着一种说不出的尴尬。

随着酒意微醺，赵匡胤终于打破了沉默，他坦言自己的心境："你们或许羡慕我身居九五之尊，然而，我却羡慕节度使的自由自在。我坐在这至高无上的位置上，却如同坐在针毡之上，寝食难安。"

石守信等人听闻此言，心中一惊，难道皇帝话里有话？

赵匡胤继续说道："这独一无二的皇位，谁不觊觎？我时刻担忧，怕有人对我图谋不轨。"

他顿了顿，目光深邃地扫过众人："你们的忠诚，我自然信得过。但你们的部下呢？万一有一天，他们也将黄袍加身于你们，那时，你们能拒绝得了吗？"

此言一出，石守信等人如梦初醒。不等赵匡胤继续发言，他们便纷纷含泪恳求："陛下，请为我们指明一条生路吧！我们绝不想因此送命。"

赵匡胤于是开启了深邃的哲学探讨："我们究竟为何而活？人生短短几个秋，人所追求的，不正是生活的惬意与快乐吗？累积家财以供子孙享用，品味诗词歌赋，畅饮美酒，享受生活，这才是活在当下的真谛。"

他话锋一转，诚恳地说道："若各位能放下兵权，回归家庭，享受宁静与富足，无须再涉足战场与权谋。而我也可安心治国，无后顾之忧。这岂不是一举两得，皆大欢喜吗？"

在赵匡胤的悉心引导下，次日早朝，这些将领纷纷上疏称病，请求辞去军职。赵匡胤一一应允。

事后，赵匡胤信守承诺。这些将领虽然失去了兵权，但石守信和王审琦分别成为赵匡胤的儿女亲家，张令铎则成了赵匡胤三弟赵廷美的岳父。这就是历史上著名的"杯酒释兵权"事件，一个新兴王朝面临的重大危机，在有效的沟通下得到了圆满解决。

管理有招

"非暴力沟通"，这一理念由美国知名心理学家马歇尔·卢森堡博士提出，它不仅仅是一种精炼的沟通技巧，更是一种深层次的交流哲学。通过运用非暴力沟通，我们能够更加清醒地审视和调整自己的言谈方式，从而规避潜在的语言及精神上的暴力。更为重要的是，它代表了一种对待世界与人性的独特视角，有助于我们与他人建立起基于理解的关系，共同推动彼此的成长与幸福。

在工作环境中，沟通方式对于工作关系的塑造起着至关重要的作用。非暴力沟通的实践，能够引导员工形成全新的沟通观念，并推动构建更为和谐、高效的工作关系，显著提升工作关系的品质。

第一，摒弃语言暴力，转向行为描述与分析。

这需要我们细心观察员工的行为表现，并以客观、非评价性的方式向员工反馈我们的观察结果，进而与员工共同对其行为进行深入剖析。这种科学方法有助于我们有效地校正员工的行为偏差，促进其行为的积极转变。

然而，遗憾的是，许多管理者在面对不满意的工作表现时，常常会不自觉地采用指责、批评等语言暴力手段。这些言辞不仅会让员工感到自己不被认可、接纳和尊重，更会在情感和精神层面造成深远的伤害，甚至比肉体上的痛苦更加难以愈合。这种沟通方式无疑会加剧内部矛盾，破坏工作关系的和谐。

第二，警惕以自我为中心的沟通陷阱，努力增强互动型沟通。

由于企业权力的集中性和管理结构的层级性，日常工作中的沟通往往呈现出领导中心型的特点。这种模式下，领导者的发言占据主导，而倾听和反馈则显得相对匮乏，与员工的互动更是少之又少。

这种做法的弊端显而易见：它严重抑制了员工的主动性和参与度，导致领导者难以及时、准确地把握实际情况，从而影响了决策的科学性和有效性。因此，我们必须转变这种沟通模式，积极倡导和实践互动型沟通，让每一个员工都能在工作中发出自己的声音。

第三，转变态度，善用请求句式。

在管理沟通中，我们应以请求替代命令。当期望员工为工作环境的改善做出贡献时，采用如"我希望你能……""你能否……"等请求句式会更为妥当。

"命令"式的沟通往往使对方感到被迫行事，即便他们选择遵从，也多是基于避免惩罚、恐惧、内疚感、责任感、羞愧心或追求奖赏等外部动因。然而，非暴力沟通的核心理念在于构建协作性的人际关系，其中，人们的互助行为源于内心的善意，旨在为他人的幸福贡献力量，并从中感受到由衷的喜悦，而非受制于惩罚的威胁或奖赏的诱惑。

第四，突出重点，提出具有可操作性的请求。

在沟通时，应避免使用含糊不清的语言，而应借助具体、明确的描述来提出具有可操作性的请求。例如，管理者若仅仅告诉员工"小王，你要更加用心工作"，这样的表述过于抽象，容易使员工感到困惑不解。小王可能会反问自己："我已经早出晚归，尽力完成每项任务，难道这还不算用心吗？"

因此，管理者应给出更为具体的指导，如："小王，你在工作中的确展现出了吃苦耐劳的精神，但如果你能在处理问题时尝试多种方法，并在制定工作方案前进行深入的调研和论证，那就更好了。"这样的具体请求不仅能让员工明确改进的方向，还能有效提高工作效率和质量。

打造榜样人设，传播"明主"贤名

管理的顶层逻辑

> 驭人必驭士也。驭士必驭情也。敬士则和，礼士则友；蔑士则乱，辱士则敌。
>
> ——《驭人经》

要有效管理下属，关键在于赢得他们的心。而要赢得他们的心，就必须深入理解他们的情感和需求。当我们对下属表示尊敬时，团队氛围自然会和谐融洽；当我们以礼待人时，便能与他们建立起深厚的友情。相反，如果我们轻视下属，团队关系就会变得紧张；如果我们侮辱下属，那么他们就会变成我们的敌人。

大佬管理哲学

《三国演义》中，若论哪位枭雄最爱落泪，刘备堪称翘楚，常常情不自禁，潸然泪下。

细心品味，我们不难发现，刘备之泪，既是他"英雄"气概的流露，更是他作为"枭雄"的策略展现。这种泪水既源于他的性情，也满足了他政治上的需求，他的泪，总是为那些值得的人或事而洒落。

一哭而得猛将心：

在当阳长坂坡的激战中，赵云孤身救主，刘备却举起救出的孩子作势要摔，泪流满面地责备："为了你这小家伙，差点让我失去一员大将！"赵云这忠诚之人，被刘备的言辞深深打动，当即下跪表忠，誓言为刘备效忠至死。

二哭而得谋臣之助：

徐庶在水镜先生的引荐下成为刘备的智囊，然而曹操却施计将徐庶从刘备身边骗走。刘备在送别徐庶时，一路相送一路泪，使得徐庶心生愧疚，以至于终其一生都未给曹操献过一计，反而向刘备举荐了诸葛亮，留下了"徐庶进曹营，一言不发"的传世佳话。

刘备三次亲临茅庐请诸葛亮出山，诸葛亮在《隆中对》中提出了三分天下、三国鼎立的宏伟构想。面对诸葛亮的犹豫不决，刘备跪地而泣，恳求道："先生若不出山，天下苍生将何去何从！"言毕，泪水已湿透衣襟。这一跪一哭，终于打动了诸葛亮，使他离开了卧龙岗，助刘备联合东吴，击败曹操，夺取荆、益二州，最终在西蜀称帝。而刘备在白帝城的临终托孤之泪，更是让诸葛亮为蜀汉鞠躬尽瘁、死而后已。

三哭而得地盘：

在离开公孙瓒之后，刘备投奔了陶谦。陶谦病重时，恳切地请求刘备主持徐州政务。刘备多次含泪推辞，坚称自己只愿做一名士卒，绝无非分之念。然而陶谦逝世后，在徐州众人的强烈推荐下，刘备接任了徐州牧，从而获得了第一块真正属于自己的领地。

赤壁之战后，刘备暂借了东吴的荆州。当东吴的鲁肃前来索还时，诸葛亮教刘备以泪相求。鲁肃素以仁厚著称，见刘备如此悲痛，心肠一软，便答应宽限归还期限，并立下字据。这便是后世所说的"刘备借荆州——有借无还"的故事。

四哭而赢民心：

刘表逝世后，其子为争夺遗产而自相残杀，最终却让曹操坐收渔翁之利，轻松占据了荆州。刘备再次踏上逃亡之路，这次他选择了与百姓同行，并高调表示："我怎能忍心看着百姓遭受曹操的屠戮？"

在逃亡途中，刘备不禁泪流满面，哽咽道："是我连累了大家！我深感愧疚！我愿以死谢罪！"

言罢，他摆出屈原投江的姿态，结果被身边人轻易就给拉住了。然而，这一幕却深深打动了在场的百姓。有人劝刘备独自逃生，以免受拖累。刘备却含泪回答："我怎能如此不义？大家如此信任我，追随我，我岂能辜负？"

此举使得刘皇叔"仗义仁心"的美名远播四海。

管理有招

人心是复杂多变的，难以捉摸。如何在人性的较量中找到平衡，既能有效激发下属的工作热情和创新能力，又能维护团队的凝聚力和稳定性，这无疑是对管理者能力的一大挑战。

卓越的管理者往往不会采取强硬手段，而是深谙人性之道，通过洞悉人性来实施更为精细化的管理。

第一，尊重——深度契合员工的心理诉求。

在管理实践中，应将员工视为具有情感和思想的独立个体，而非冷漠的工作机器。

下属或许会受到规章制度的约束，但绝不应受到精神上的"压迫"。因为"压迫"之处，必有"反抗"之声。

因此，作为管理者，应避免主观臆断和居高临下的态度，更不应将下属视为听命行事的"奴仆"。相反，管理者应学会尊重每一位员工，尊重他们的个性和差异，以平等的态度对待每一位成员。在激励方面，除了物质奖励外，更应注重情感关怀，避免将员工视为千篇一律的工作单元。

第二，欣赏——提升员工的情感价值。

当管理者对下属抱有高期望，并给予他们充分的关注和鼓励时，这种正向的激励往往能引导他们展现出更优秀的表现。相反，若管理者对下属持负面看法，认为他们能力不足或态度不端，这种偏见会抑制他们的实际表现，并可能导致他们的表现越来越差。

优秀的领导者懂得欣赏员工。员工通常不会因为工作本身而离职，更多的是因为与上级领导的关系不佳。因此，当管理者发现下属存在不足时，也应反思自身的管理方式是否存在问题。有时，员工的不足恰恰反映了管理的疏漏。

换个角度来看待下属的缺点，或许就能发现其中的优点。管理者应具备发现美的眼光，全面欣赏下属，并始终对他们保持积极的期待，而非一味挑剔。

第三，赋权——激发员工的积极性和潜能。

管理学大师彼得·德鲁克曾言："管理的本质在于激发人的善意和潜能。"

人性本质上需要激励。在职场中，员工工作的动力主要来源于自身，而非公司或领导。

因此，与其抱怨下属缺乏动力，不如深入了解他们的工作动机。如果员工追求的是经济利益，那么管理者应将个人目标与团队目标相结合，通过物质激励来实现个人利益的最大化；如果员工更注重个人成长，管理者则应扮演引导者的角色，帮助他们逐步成长，并赋予他们成长的使命感。

只有方向正确、方法得当，管理者才能真正洞察下属的需求，从而有效激发他们的工作动机。这一过程需要因人而异，并制定具体的量化标准。

讲缺点的时候，换个心照不宣的说辞

第四章 触动：降维沟通，发挥谈话的『催眠效应』

> 管理的顶层逻辑

劝人不可指其过，须先美其长。人喜则语言易入，怒则语言难入，怒胜私故也。

——《能改斋漫录》

在劝导他人时，我们应避免直接点明其不足，而应首先称赞其长处，以此消减其防备与抵触。要知道，人在心情愉悦时更易于接受意见，而愤怒之下则难以被说服，这皆因愤怒会蒙蔽人的本心。

> 大佬管理哲学

杨行密，被誉为"十国第一人"，是五代十国时期吴国政权的奠基者，历史上称其为南吴太祖。他以宽仁之心、雅致的信义和深得人心的领导才能而闻名。

某日,杨行密赴泗州巡视工作,当地防御使台濛为了迎接他,特意布置了豪华的营帐,四处张灯结彩,热闹非凡。然而,杨行密面对这一切,面庞上却掠过一丝不悦。

在唐末乱世,社会生产力遭受重创,物资匮乏,百姓生活困苦。若纵容下属如此奢侈浪费,恐怕会助长不正之风,加剧社会矛盾,甚至危及自己的统治。但杨行密也深知,将士们出生入死,无非是希望生活能有所改善。更何况,隆重的接待也是对领导的一种尊敬,他又怎能因此责备他们呢?在这两难的境地中,杨行密决定采取一种更有策略的方式来解决问题——不动声色,从长计议。

经过深思熟虑,杨行密终于想出了一个妙计。他特意在离开时,将自己的破旧内衣留在卧室中。当下属整理房间时,这必然会引起他们的注意。而当这件内衣被送还到他手中时,便成为他开展"节俭教育"的契机。

如何巧妙地劝诫下属,避免引发不必要的反感呢?杨行密采用了一种高明的策略——现身说法，旁敲侧击。他选择通过分享自己的价值观和人生经历，而非直接指责他人的行为，来传达自己的意图。这种方法的高妙之处在于，它能够在不伤害对方自尊的前提下，为那些愿意自我反思和提升的人提供改正错误的机会。

当台漾策马前来，将那件破旧内衣归还给杨行密时，杨行密面带微笑地说道："我自幼家境贫寒，出身并不显赫，因此时至今日，我仍旧时刻铭记自己的出身和初心。"这番话语既温和又含蓄，却足以让台漾深感惭愧，从而达到了批评的效果。

管理有招

许多人误认为批评等同于管理，并以为不频繁批评下属会导致他们的轻视。因此，为了彰显自身地位，他们常常将批评作为管理的主要手段。然而，过度依赖批评来惩处下属，最终会削弱团队的积极性和动力。因为人的大脑在受到刺激时，会联想并放大过去的种种经历，产生压抑感，从而影响下属的满足感和进取心。因此，在批评下属之前，我们应先明确批评的具体内容，并在脑海中预演批评过程，以提升批评的效果。

作为领导者，在面对下属的错误而必须进行批评时，我们应遵循以下原则：

第一，尊重个体，言辞不伤人。

批评旨在引导员工，而每个人都拥有自尊心、自爱心和独立的人格。若管理者的批评言辞中透露出对下属能力或人品的贬低，极易引发员工的反感。相反，如果管理者在认可下属能力和人品的基础上，具体指出其某一方面的错误，下属通常会更容易接受批评。例如，"以

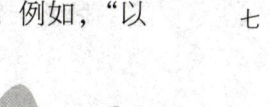

你的能力，这件事其实可以处理得更出色"或"以你的为人，本不该说出这种伤人的话"等，都是既能指出问题又不伤人的批评方式。

第二，精准把握时机与场合。

在处理犯错的员工时，管理者应慎重选择是公开点名批评还是进行私下沟通。在给予表扬时，我们倾向于公开进行，以提升团队士气；然而，在进行批评时，私下沟通更为妥当，这样能够更好地保护员工的自尊心，提高员工对批评的接受度。

第三，明确目标，聚焦事件本身。

批评的焦点应准确对准具体事件，坚持就事论事的原则。在了解事情的来龙去脉后，我们才能做出清晰的是非判断，并给出针对性的解决方案。盲目批评只可能导致事态进一步恶化。与员工共同分析、总结、检讨或复盘，通常会得出一个相对明确的结论，揭示出导致当前状况的各种具体原因。

在指出员工的错误行为时，管理者还应鼓励和帮助他们改正错误。批评不仅包括指出错误，即"批"的部分，还包括给予指导，即"评"的部分。仅有批评而无指导，并不能称之为完整的批评。一个善于批评的管理者会兼顾这两个方面，不会偏废其一。

第四，避免使用绝对化措辞。

绝对化的评价往往带有强烈的主观色彩，容易引发对方的抵触情绪。例如，当管理者发现员工在上班时间趴在办公桌上睡觉时，若使用"小王，你为什么总是在上班时间打瞌睡？"这样的问句，很容易引起小王的反感。因为"总是"这样的绝对化用词可能并不准确。如果管理者能够具体指出，"最近一个月，我来你们部门三次，你有两次在打瞌睡"，这样的表述就更具说服力，小王也更难以反驳。

第五章

任用：

理解人性，将人才用在刀刃上

为团队提供"士为知己者死"的情绪价值

> **管理的顶层逻辑**
>
> 摄心者,谓逢好学伎术者,则为之称远。方验之道,惊以奇怪,人系其心于己。效之于人,验去,乱其前,吾归诚于己。
>
> ——《中经》
>
> 要赢得人心,必须精心策划,巧妙布局。面对那些深谙技艺之士,我们应大力推崇他们的才华,使其声名远播。当他们的技艺达到巅峰之际,我们更应慷慨地赞扬其非凡才能,这样,他们自然会对我们心生好感。此后,在众人面前展示他们的才华,旁征博引,以彰显他们的过往成就。到了那时,他们必定会真心归附于我们。
>
> 这与天道相通,能赢得人心者即能赢得天下。这并非靠武力征服,而是让人心悦诚服。

大佬管理哲学

643年，李世民驾崩前六年，出人意料地颁布了一项重要决定——筹建凌烟阁，以镌刻二十四位功臣的肖像。

李世民此举，显然不仅仅是为了嘉奖或回忆那些昔日并肩作战的老兄弟。事实上，这更像是一步精巧的政治策略，意在加强其子孙的统治根基。

人们都知道，李世民是借玄武门之变而登上皇位。虽然他治国安邦，功勋卓著，无愧于"济世安民"之名，但玄武门之变始终是他心中的一个结，他担心自己身后会因此受到历史的指责。于是，凌烟阁的二十四功臣画像，便成为他精心设计的政治宣言。

希望你从后能够明白为父的良苦用心呐！

细察这些功臣，我们惊讶地发现，与玄武门之变有牵连的竟有二十二人之多。像尉迟恭、秦叔宝、房玄龄、杜如晦等人，他们不仅在开国战争中功勋显著，更是玄武门之变的核心参与者。甚至先前站在太子阵营的魏征，在李世民即位后也选择了归顺。

这一策略无疑向外界清晰地传达了一个信息：此二十四位功臣乃国家之基石，他们共同参与了开国建功，为万民带来福祉，而他们均已臣服于我。因此，我李世民及我的子孙后代，乃是皇位之正统继承者！此为其一。

其二，李世民对儿子李治抱有深深的忧虑。在他看来，太子李治性情过于温和柔弱，缺乏君主应有的果敢与决断。《资治通鉴·唐纪十三》有载，李世民曾私下对长孙无忌坦言："昔日你劝我立雉奴为太子，然而他性情懦弱，我深恐他难以肩负起捍卫国家的重任，该如何是好？"

将庞大的国家托付给这样的人，李世民内心的忧虑可想而知。但出于对长孙皇后的深情厚谊，他始终未曾废黜李治。反复思量后，他决定亲自为子铺路，于是绘制了"凌烟阁二十四功臣"像。他希望通过这份特殊的荣誉，能激发更多人的忠诚与献身，使他们在未来能竭诚辅佐李治。如此，即便李治性情柔弱，也能在众多忠臣勇将的扶持下稳固皇位，捍卫国家社稷。

管理有招

俗语有云：士为知己者死。若领导者无法深谙人性与人情之奥妙，则难以实施有效的激励措施。要想让下属与自己心灵相通，甘愿付出一切，领导者必须具备洞悉人性的能力，并在日常交往中巧妙地将自己的影响力渗透于下属内心，从而引导他们，统领他们，并充分发掘他们的潜能。那么，何时下属会展现出最高的忠诚度和最强的执行力呢？

第一，在与领导者共同经历困苦与甘甜之时。

在商业历史的长河中，不乏领导者与团队成员共渡难关，最终携手登上行业巅峰的传奇故事。在简陋的环境中，少数志同道合的伙伴，凭借着坚定的信念，最终铸就辉煌。这样的成就，往往源于领导者与下属之间共同经历的挑战与风雨。在逆境中，大家齐心协力，共同面对困难，方能显现出不凡的勇气与智慧。

然而，真正的考验在于，当困境过去、成功降临之时，领导者是否能与下属共享胜利的果实。只有持续地让团队成员感受到成功的喜悦，才能进一步巩固团队的凝聚力，并提升员工的忠诚度。

第二，在感受到自身的价值与获得尊重之时。

下属渴望得到尊重与价值认可，这是人性中固有的需求。在物质充裕的现代社会，虽然基本的福利待遇容易得到满足，但尊重与价值感却难以用金钱来衡量。作为领导者，必须深刻领悟这一点，并努力为下属营造一种受到尊重和认可的工作环境。通过赋予下属更多的权责与信任，领导者可以更有效地激发团队的凝聚力和向心力，汇聚团队的智慧与力量，共同推动团队不断前行。

第三，在获得领导者赞誉之时。

尽管俗语有云"重赏之下，必有勇夫"，但物质激励的效用毕竟有限，难以充分挖掘下属的潜在能力。实际上，许多下属的卓越才能和突出优点，并非仅仅通过物质奖赏就能得到充分的认可和肯定。

相比之下，领导者的赞扬则成为一种低成本且高效的激励手段。

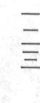

它不仅能让下属深切感受到自己在团队中的重要性和地位，更能使他们明确自己在领导者心目中的分量和价值。这种精神上的鼓舞与激励，通常能激发出下属更为强烈的工作热忱和创新能力。通过这种方式，不仅能够显著增强团队的凝聚力和整体战斗力，同时也会使下属对领导者产生更为深厚的信赖和敬意。

利益分配越高级，越能拉升驱动力

> **管理的顶层逻辑**
>
> 虽有千里之能，食不饱，力不足，才美不外见，且欲与常马等不可得，安求其能千里也？
>
> ——《杂说》
>
> 即便是天赋异禀、能够日驰千里的神马，若是食不果腹、精力匮乏，它那超凡的才能也将黯然失色，难以被世人所察觉；更何况，这样的神马有时甚至连普通马的待遇都难以享有，又怎能奢求它展现出日行千里的神速呢？

大佬管理哲学

明王朝覆灭之前，吴三桂曾意图出兵勤王，结果人还没到，李自成就打进了紫禁城，吴三桂只好退守山海关，进而成为清军、南明与大顺三方势力竞相争夺的焦点。

在清军的猛攻之下，南明王朝的残余力量分散在江南各地，群龙无首，难以形成有效抵抗。尽管吴三桂在山海关拥有强大的军力，但由于与南方的联系被切断，已经陷入大顺军与清军的双重夹击之中。

此时，李自成与多尔衮都向吴三桂抛出了橄榄枝，希望将他招至麾下。

李自成曾命居庸关守将唐通赴山海关劝降吴三桂，并慷慨解囊，送去四万两白银以解吴三桂军饷短缺的燃眉之急。除了唐通之外，他还接连派出多人进行劝降。然而，在处理吴三桂家眷的问题上，他却犯下了致命的错误。

大顺军攻入北京后，吴三桂的父亲吴襄、爱妾陈圆圆等家眷共计三十四人悉数沦为人质。为了迫使吴三桂投降，李自成迫使吴襄"作书以招子"。面对此景，吴三桂表示"家中俱陷城中，只能归降"。

然而，就在吴三桂答应归降李自成，并率部"卷甲入朝"，行至永平以西的沙河驿时，他遇到了从京城逃出的吴府家人。得知财产被大顺军尽夺，父亲被刘宗敏拷打，陈圆圆亦被刘宗敏霸占，吴三桂愤而重返山海关，这便是"冲冠一怒为红颜"事件。

也有历史学者认为，吴三桂降清的另一个重要原因，是大顺政权在北京"满街遍捉士大夫"，投降的官员不仅财产被掠夺一空，还时常遭受刑拘，生死难料。这使得吴三桂对大顺政权彻底失去了信心。

重回山海关后，吴三桂迅速从毫无防备的唐通手中夺回关口控制权。为抵御李自成大军，他致信多尔衮，恳请清朝援军。

在书信中，吴三桂以"雪亡国之耻，报君父之仇"为由，向清朝借兵，并郑重承诺"将割地以谢，绝不食言"。

多尔衮见信后正中下怀，回信明确要求吴三桂归顺，并承诺封王。随即，他亲率大军直扑山海关。不过，多尔衮对吴三桂采取了"援而不救"的策略。直到吴三桂在大顺农民军的猛攻下陷入绝境，他才提出招降及"剃发"的条件。

面对危局，吴三桂别无选择。接受"剃发"后，他彻底成为清军

的一员。

吴三桂的投降为清军打开了通往中原的大门。清军随后占领北京，建立了中国历史上最后一个封建王朝。

不论是因大顺农民军对明朝降官的劫掠，还是那"冲冠一怒为红颜"的传说，吴三桂在选择归顺大顺政权后，终因大顺农民军的"追赃助饷"而反目，转而投向清军。

多尔衮成功招降吴三桂的关键在于，吴三桂的利益与大顺农民军的宗旨背道而驰。他投降的并非多尔衮个人，而是整个封建阶级的利益。

清军入关时，作为异地作战的军队，对地形、人脉均不熟悉，亟须吴三桂这样的高手引路。因此，清廷对吴三桂极为敬重，封他为平西王，这一封号远比"恭顺""怀顺""至顺"更为尊贵。

> **管理有招**

在中小企业初创阶段，团队齐心协力，企业得以迅速成长。然而，当企业发展到一定阶段时，常常会遭遇成长瓶颈。

此时，一个显著现象是老员工的大量流失，他们或被竞争对手挖角，或转变为企业的直接竞争者。当老板为业绩下滑而忧虑时，却可能惊讶地发现，昔日的部下已带着团队站在了自己的对立面。

中国有句俗语"宁为鸡首，不为凤尾"，这或许能为这种现象提供某种解释。但我们也不得不反思，作为领导者，是否在某些方面存在疏忽？

任正非在经历了李一男事件后，不禁感慨道："给予足够的回报，即使不是人才也能变成人才。"经营企业充满挑战，但人们仍坚持不懈，因为其中蕴含着利益，包括物质和精神上的回报。若希望更多人并肩作战，就必须懂得分享利益。独自占有，无论有意无意，都难以成就伟业。

初创企业在转型时期，团队面临的首要问题是利益分配机制的改革。其他问题相对而言都较易解决。

第一，合理分享利益，减少企业内部消耗。

对于员工而言，如果仅依赖薪酬而无股份，一旦离职或被取代，所有利益将荡然无存。因此，他们可能会选择排挤能干的新人，以确保自己的地位。如果企业的美好未来无法与员工共享，那么他们为何要全力投入呢？

不论企业规模大小，"利益分享"都是不可回避的问题。它涉及眼前利益和中长期利益。通常，老板着眼于中长期利益，而员工更关心眼前利益。为了让员工助力实现中长期目标，老板必须关注并满足员工的即时利益。同时，若希望员工牺牲短期利益，就必须明确展示中长期利益及其实现路径，从而为员工提供安全感。

第二，构建利益共享体系，深化团队凝聚力。

许多团队管理者可能会困惑，之前的利益分配模式不是挺有效的吗？他们或许会责备离职者忘恩负义、贪婪无度，却忽略了时代和环境的变化。

在当下的企业环境中，已不再是老板一人独挑大梁的时代。企业的成功，归功于以老板为核心的整个团队的集体努力。

那么，团队之间的纽带是什么呢？是信任。而信任又是如何维系的呢？是通过合理的利益分配。

在市场经济环境下，企业的发展需要建立科学的利益分享机制，形成一个紧密的"利益共同体"，这样才能将整个团队紧密团结在一起，为了共同的利益目标而努力。

如今，越来越多的企业开始实施股权激励措施。例如，华为的全员持股计划和小米的创业团队持股，这些都为企业的高速发展和稳健运营奠定了坚实基础。当然，这只是利益分享机制的一个层面。

第三，打破家族式管理，提升员工归属感。

在一些企业中，由于组织结构僵化，关键职位被家族成员占据，这可能会让员工感到职业发展受阻。即便待遇优厚，员工仍可能选择跳槽。

另外，有些企业常常强调"不努力工作就会失业"的观念，这不仅无法给员工带来正面的激励，反而可能让员工感到不安和威胁，从而影响他们对企业的忠诚度和工作安心感。

无论是物质利益还是精神激励，都需要掌握恰当的度。空谈理想、画大饼的做法是不可取的。如果领导者只顾自己享受成果，而员工只能眼巴巴看着，这无疑是对员工智商的侮辱。

睁一只眼辨才，闭一只眼问事

管理的顶层逻辑

> 古者冕而前旒，所以蔽明也；黈纩塞耳，所以弇聪也。故水至清则无鱼，人至察则无徒。
>
> ——《大戴礼记》

自古以来，帝王冠冕之上垂挂的串串玉石，正是为了提醒自己，世事无须过分洞察；以棉絮塞耳，意在告诫自己，无须过于细听世间琐碎。故而，水若过于清澈，便无鱼能存活其中；人若过分精明，便难寻志同道合的伙伴。

大佬管理哲学

冯唐以孝行广受赞誉，因此被朝廷选拔为郎官，为汉文帝效力。

某日，汉文帝的车辇驶过冯唐执勤的岗哨，瞥见这位满脸刻着岁月痕迹、须发皆白的老者，汉文帝心生疑惑：如此年岁，怎会仍屈就于郎官之职？于是，他向冯唐询问道："老丈，您高寿几许？在这中郎之位已有多时了吧？您的故乡又在何方呢？"冯唐坦诚地回应道，他的祖辈原是赵国人，至其父辈时举家迁往代地，而大汉一统后，他们再度定居于安陵。

汉文帝刘恒在继位之前，曾被封为代王。这段相似的过往，让君臣二人有了共鸣，话题也随之展开。

汉文帝提及："在我担任代王期间，尚食监高祛屡次向我述说赵国的一位勇将，名曰李齐。在巨鹿之战中，他展现了非凡的英勇。每当我用餐之际，思绪总会飘向那遥远的巨鹿战场，想象着李齐的威武身姿。老丈，您可曾听闻过李齐的大名？"

冯唐回答道："确实有所耳闻。然而，若论将领之才，李齐恐难与廉颇、李牧相提并论。"

汉文帝对冯唐的见解产生了浓厚的兴趣，进一步追问："何以见得？"

冯唐解释道："我祖父昔日曾担任百夫长之职，与李牧将军交情甚笃。而我父亲在代国担任国相期间，亦与李齐将军有过深入的交往。因此，我得以从他们口中了解到这些将领的真实才能与品性。"

汉文帝听完冯唐的叙述，兴奋地一拍大腿，由衷感慨道："唉！我为何就寻不到如廉颇、李牧那般的杰出将领呢？若能有此等人才助我，

我怎会再对匈奴有所忌惮！"

然而，冯唐却毫不留情地反驳道："陛下，请允许我直言不讳，即便有廉颇、李牧这样的将领，您也未必能够善用他们。"

这番话让汉文帝顿感不悦，他站起身，一挥衣袖，愤然离去。

不过，汉文帝毕竟是位明君，情绪平复之后，他又召回冯唐，询问他为何认为自己即使有廉颇、李牧也无法重用。

冯唐解释道："廉颇和李牧之所以能够屡建战功，关键在于赵国君主的充分信任与授权。他们拥有自主权，不受琐事干扰，只需专注于取得胜利。如今，魏尚作为云中郡太守，他善待士卒，屡战屡胜，使得匈奴不敢轻易进犯云中。然而，只因上报战功时敌人首级数量与所报数字相差六个，陛下便将他罢官、削爵、判刑。这样的赏罚不明，即使得到廉颇和李牧,也难以发挥他们的才能。"

汉文帝听后,深刻反省了自己的行为。他当即派冯唐持节前往赦免魏尚,恢复其云中太守的职务,并任命冯唐为车骑都尉,以示他对直言敢谏者的赏识与重用。

管理有招

综观历史脉络,我们不难发现,那些极度挑剔的人往往难以成事,而那些秉持"适用为上,不苛求完美"理念的人则常能创造非凡成就。以三国时期的诸葛亮为例,他虽才智过人,但在用人上却显露出"端严精密"的偏见,过于苛察,追求完美。后人对他的评价恰如其分:"明察则有短而必见,端方则有瑕而必不容。"

第一,人才选拔,不可求全责备。

求全责备,即对人要求过于苛刻,追求完美无缺,对任何微小缺点都零容忍。一旦发现他人有不足,便一概否定,严厉指责,甚至拒绝任用。这种态度对人才的积极性和成长造成极大压抑,阻碍了智慧的充分发挥。它使人变得畏首畏尾,丧失进取心,限制了创造性思维和想象力的展现。同时,它还导致团队活力匮乏,形如死水,缺乏竞争力和应变能力。最终,这种用人态度将造成人才资源的巨大浪费,尤其是优秀人才的流失。

第二,用人之长,避其之短。

若过度关注员工的不足,势必会偏离工作的核心目标。公司、组织和部门应被视为发挥人才优势的平台,旨在最大化地发挥人的长处,并最小化地减少因弱点带来的负面影响。对于那些能力卓越的员工而言，烦琐的规章制度往往成为束缚，因为他们更倾向于通过自我调控来实现高效工作。

高效的管理者从不纠结于"他不能做什么？"，而是着眼于"他在哪些领域表现卓越？"。他们的用人准则在于寻找具有特定优势的人才，而非追求全能或平庸之辈。这种以优势为导向的用人策略，更有助于提升团队的整体效能。

第三，转化"短处"，实现人才最大化利用。

优秀的管理者不会仅仅停留在"容忍"下属不足的层面，而是积极寻求将这些"短处"转化为团队的优势。通过"容人之短，用人之短"的策略，他们不仅最大限度地降低了潜在危害，还确保了每位成员都能在其擅长的领域发挥最大价值。曹操曾言，陈平虽品行有缺，心思狡黠，但若能恰当运用，便是难得的人才；同理，苏秦虽不守信义，但若能为我所用，其才华同样能大放异彩。这种用人理念，旨在充分挖掘并发挥每个人的潜能，实现团队整体效能的最优化。

异质互补，使平庸快速蜕变为高能

管理的顶层逻辑

明主之任人，如巧匠之制木，直者以为辕，曲者以为轮；长者以为栋梁，短者以为栱角。无曲直长短，各有所施。明主之任人，亦由是也。智者取其谋，愚者取其力；勇者取其威，怯者取其慎，无智、愚、勇、怯，兼而用之。故良匠无弃材，明主无弃士。

——《帝范》

明君之用人，宛若匠心独具的巧匠雕琢木器。笔直之木，可为辕架，引领方向；弯曲之材，则化为轮毂，承载前行。长木参天，便做栋梁以支撑大厦；短木玲珑，即为栱角以稳固结构。木之曲直长短，皆有其独特之用。明主用人之道，亦是如此。智者，以其谋略筹策未来；愚者，凭其力气辛勤耕耘。勇者，以威武之势锐意进取；怯者，则谨慎行事守护后方。智愚勇怯，各展所长，明主皆能量才为用。故而，如同良匠手中无废料，明君麾下亦无遗弃之士。

大佬管理哲学

自隋朝创立科举制度后，社会底层的民众亦获得了晋升官僚体系的机遇。及至唐太宗治世，他对前朝官员选拔的疏漏进行了深刻的反思与修正，其选材视野愈发开阔。

629年，唐太宗倡导文武百官坦诚陈词，直抒己见。时有一位名为常何的武将，由于文采有限，遂请其门客马周捉刀代笔，撰写了二十余条奏章。当这些奏章呈至唐太宗案前，他惊讶地发现每一条都深得其心。心生疑窦的唐太宗询问常何，后者坦然承认奏章出自马周之手。

唐太宗当即意识到马周的贤能，急切地想要见他。在马周因故未能及时入宫的情况下，唐太宗竟连派使者催促四次，足见他对此未曾谋面的布衣之士是何等的期盼。马周入宫后，与唐太宗相谈甚欢，随即被委以门下省官职，日后更升任中书令。

皇帝选拔官员本是寻常之事，但唐太宗的独特之处在于他能将选材的视野从士族阶层扩展到平民百姓。在人才选拔上，他坚持唯才是举，不问出身背景，真正体现了能者上、庸者下的用人原则，这在历代君主中都是难能可贵的。

房玄龄曾向唐太宗进言："秦王府中仍有一些旧部，他们曾长期追随陛下，但有些人职位未曾提升，心中难免滋生怨言。"

唐太宗沉思后回应道："国家设立官职的初衷，便是为了遴选贤才，使他们能为民众谋福祉。在官员任用上，我们绝不能以新旧作为标准。若新人展露才华，理应得到晋升与嘉奖；而旧人若无真才实学，又怎能平白获得提拔？那样对真正有才能的新人岂非不公？更何况，如此又怎能妥善治理国家大事呢？"

长孙无忌是长孙皇后的兄长，与李世民有着深厚的情谊。他才华横溢，屡建奇功，因而唐太宗决定委以宰相重任。长孙皇后得知此事后，心中不安，唯恐惹人非议，于是劝唐太宗不要给予她兄长过高的官职。

唐太宗则严肃地对皇后说："你应该明白，我任命你哥哥为宰相，纯粹是因为他具备相应的能力与才干，而非出于私情。这样的任命，完全是基于他对国家的贡献和自身的实力。"

王珪以卓越的识人眼光和精湛的谈吐为人称道。某次宫廷宴会上，唐太宗与王珪闲话家常，提及人才鉴别之事。唐太宗微笑道："你素以识人善任、评论精准著称，不妨就从房玄龄等人说起，谈谈他们的长

短之处。同时，也说说与他们相比，你的过人之处何在。"

王珪沉吟片刻，娓娓道来："房玄龄勤于政务，夙夜匪懈，其为国尽瘁之心，我自愧不如；魏征勇于直谏，常思皇上之德政，欲使其更上层楼，此等胆识，我亦难以企及；李靖文武兼备，既能统兵征战，又善治国理政，我更是望尘莫及；温彦博奏事详明，传达圣意与下情，总能持正公平，我亦自感不如；戴胄处理繁务，善解难题，条理清晰，此等能力，我亦难以比肩。然而，在抨击贪腐、褒扬清廉、痛恶如仇方面，我或许还有几分独到之处。"

唐太宗听后大为赞许，而众臣也深以为然，纷纷附和。

唐太宗治国之道，宛若经营一家大型企业。他麾下的大臣们如同企业中的精英员工，各司其职，各展所长。正是这股汇聚之力，铸就了朝堂的和谐昌盛，国家因此欣欣向荣。

管理有招

无论是构筑宏图霸业，还是在商业战场中谋求一席之地，人才的重要性不言而喻。而实现人才的有效运用，其关键在于合理的人才配置，即"损有余而补不足"，以实现人力资源的最优化利用。

人才的配置并不仅限于核心团队，它涉及组织的各个层面。以企业为例，其需要的人才类型广泛，包括技术工人、研发人员、市场开拓者以及财会专业人员等。在进行人才配置时，企业需综合考虑人才的多元性以及各类人才的比例，以此达到最佳的人才协同效应。

第一，以高能人才为核心。

企业应确立以高能人才为团队的核心，从而吸引并凝聚各类英才，全面激发团队的积极性和创造力。因此，选定出色的企业领导者和部门主管至关重要。同时，在各部门运作中，也需着力培养各领域的领军人物，以其作为"高能核心"发挥团结和引领的作用。

若领导者能力不足、水平有限或行事专断，即便有优秀的下属和员工，也难以充分发挥其潜能。许多员工因上司的无能而选择离职，他们不仅无法从中学习成长，更感到压抑和无望。这样的企业难以在激烈的市场竞争中立足。

第二，实现异质互补。

将不同专业背景、性格和气质的人才会聚一堂，往往能激发新的思维火花，使每个人都能在适合自己的位置上发光发热。企业在组建团队，尤其是领导团队时，应注重才能、性格等多方面的互补性。团队中既需要有统筹全局的帅才，也需要有勇于执行的将才，还需配备协调各方的相才、忠实执行决策的干才以及业务精湛的专才。若团队成员在性格和能力上过于相似，不仅无法实现互补，还可能导致相互排斥、否定，甚至产生内耗，从而削弱团队的整体效能。

第三，同层相济原则。

首先，企业应确保中、高、低各层级的人才保持科学的比例分布。鉴于不同企业的产品特性和组织结构差异，这一比例会有所不同。但通常而言，同一层级的人才数量应避免过多，例如公司副职岗位。过多的同一层级人员可能会导致在晋升过程中发生冲突，以及在日常工作中出现责任推诿和内部竞争。

其次，应确保不同部门间同一层级的员工具备一定的可比性。若A部门的基层员工能力显著强于B部门的经理，这可能会引发员工对A部门的不满，并试图转职至B部门或其他晋升较快的低水平部门，这种情况将严重影响企业的内部稳定和运营效率。

第四，动态调整策略。

由于企业所面临的外部环境持续变化，因此人才配置不能一成不变。管理者需不断探寻最优的人才配置方案，这涉及年龄、性别、专业技能等多个维度的比例和组合。为实现这一目标，可通过选拔、招聘、晋升调任以及培训开发等多种手段进行调整。此外，当企业目标或工作状况发生重大变化时，必须对人才配置进行大范围甚至全面的调整，以确保企业能够灵活应对外部挑战，并保持内部的高效运转。

人尽其用，把"另类"用成另类人才

第五章　任用：理解人性，将人才用在刀刃上

> **管理的顶层逻辑**
>
> 　　不知人之短，不知人之长，不知人长中之短，不知人短中之长，则不可以用人，不可以教人。用人者，取人之长，辟人之短；教人者，成人之长，去人之短也。
>
> ——《默觚》
>
> 　　若未能深入了解一个人的不足之处，亦未能洞察其优秀之处；若不能识别其优点背后的瑕疵，也无法发掘其缺点中隐藏的亮点，那么我们便无法恰当地调配人才、指导他人。善于用人，关键在于充分利用其优点，巧妙规避其不足；而教育引导之道，则在于激励个人发挥其长处，同时助力其克服短板。

大佬管理哲学

战国时期，楚国的大司马景舍喜欢结交身怀绝技的奇人异士。某日，竟有一名小偷慕名而来，欲投身景舍门下。他派人向景舍传话，自称虽无所长，但若论偷窃之术，他若称第二，无人敢居第一。

在常人眼中，小偷简直是自寻死路，哪有窃贼会如此肆无忌惮地宣扬自己的职业？更何况，景舍乃是一位统率千军的将帅，收留一个窃贼作为门客，又有何用？

然而，当景舍听闻此事，却不顾形象，衣衫不整便急忙迎出，对这位小偷礼遇有加，尊敬备至。景舍的手下纷纷质疑。

后来，齐国大举进攻楚国，景舍率军迎战。然而，三战三败，即便景舍麾下智囊团与勇猛将士众多，但在强大的齐军面前，却束手无策。

此时，那个小偷挺身而出，向景舍请缨："将军，请让我为您出战。"

景舍毫不犹豫地答应了，只说了一句："好，去吧。"

在战场上的紧要关头，小偷请战，他想干什么不言而喻。景舍心知肚明，却并未多问。因为在这方面，他或许确实帮不上什么忙。

是夜，小偷潜入齐军大营，悄无声息地将齐军主帅的床帐盗回，交到了景舍手中。

翌日，景舍派遣使者将床帐归还给齐军主帅，并传话说："此乃我军樵采士兵偶然拾得，我家将军特命我前来物归原主。"

此言令齐军主帅心生疑窦，暗忖：我昨夜安睡之际，床帐竟神不知鬼不觉地被楚军取走，由此可见，楚军中必有高人！于是下令全军加强夜间防备。

然而，当夜齐军主帅的枕头又再度失窃。次日，景舍如法炮制，再次派人将其归还。

入夜，齐军主帅的发簪也遭窃，天明时分，景舍又派人将其物归原主。

此事传开后，不仅齐军主帅心生恐惧，连齐军将士亦闻之色变。齐军主帅对谋士们说："我们还是撤吧。我们屡次加强防守，可我的贴身之物却屡次失窃。此等小偷，想要什么便取什么，若是想要取我性命，岂非易如反掌？我们速速撤兵，否则景舍真要派他来取我的项上人头了。"

于是，齐军慌忙撤退。这个小偷仅凭一己之力，便达成了楚国三军将士都无法完成的任务。

管理有招

　　人不可能在所有领域都卓越非凡,当然,也不太可能在每个方面都表现糟糕。每个企业内总会存在一些"另类"人才,他们的瑕疵显而易见,问题也颇为棘手,这无疑为管理者带来了不小的挑战。

　　所谓"另类",通常意味着他们不墨守成规,而这恰恰是许多管理者所困扰的——规章制度对他们而言,似乎形同虚设。那么,这是否会破坏组织精心构建的工作秩序呢?这个问题确实应该考虑,但关键在于,管理者如何根据他们的特性,巧妙地运用策略来管理和调和团队关系。

第一，具备特殊背景的另类人才。

"背景"往往是个人的重要资产，这些另类员工可能拥有与众不同的背景，如某大公司的老板或与某个关键"合作伙伴"有深厚关系。从正面角度看，若能有效利用这种"背景"资源，它在某些关键时刻可能发挥不可替代的作用。一些常规方法难以解决的问题，在这类员工面前可能只需一句话即可迎刃而解。

然而，这种特殊背景虽然带来了好处，但同时也为管理带来了额外的复杂性。其中一些人或许并无显著的专业技能，却常常在工作场合有意无意地炫耀自己的背景，以此来提升自己的形象或获取工作中的便利。例如，即使犯错，他们也可能依赖其"背景"来逃避惩罚。面对这类员工，领导者需要精准地把握管理的尺度。

第二，拥有高学历、高技能型另类人才。

由于他们具备其他员工难以企及的优势，因此能够在职场中脱颖而出，这种优越感逐渐升华，进而表现为高傲与自负，甚至流露出勃勃野心。他们往往不屑与同事沟通交流，具有强烈的独立意识但缺乏团队协作精神。他们倾向于承担大任务，对琐碎事务不感兴趣，可能对领导不够尊重，甚至通过指使他人来彰显自己的独特性。

从职业能力的角度看，他们中大多数是团队中的"精英"和核心力量。然而，从管理层面分析，他们有时会成为"组织秩序的扰乱者"，可能引发其他同事的不满，或因疏离团队而成为冲突的根源。

管理这类员工时，领导者需保持冷静，避免与他们斤斤计较。在必要时应勇于提出批评，适度压制其锐气；同时，也要及时表扬，以激发他们更大的热情。通过这种刚柔并济的管理方式，使他们心悦诚服地接受领导。

第三，性格独特型另类人才。

有些人性格活泼、个性鲜明，这使得他们通常拥有良好的人际关系。他们"活跃"的天赋使他们在建立关系网络方面游刃有余。

在任用这类员工时，领导者应让他们摆脱"僵化"的工作模式，充分发挥其"先锋"作用。例如，可以委派他们策划企业的集体活动，从而充分施展个人才能，为企业营造积极向上的氛围，实现他们的最大价值。

第六章

赋能：
运作利益绑定，实现团队人效倍增

舍不得福利，就套不住人心

管理的顶层逻辑

视卒如婴儿，故可与之赴深溪；视卒如爱子，故可与之俱死。

——《孙子兵法》

若以呵护婴儿之心对待士兵，则将士必能携手共度艰难险阻；若以深爱子女之情关怀士兵，则将士必会誓同生死，共担风险。

大佬管理哲学

公元前685年秋，齐鲁两国在齐国境内的乾时展开了激战。鲁国不幸落败，齐将鲍叔牙紧抓战机，乘胜追击，并以围攻鲁国为威胁，迫使鲁庄公处死公子纠，同时交出管仲。

仅仅过了半年，齐桓公便再次挥师进攻鲁国。这一次，他意图将战术上的优势转化为战略上的胜势，于是再次委派鲍叔牙担任统帅，向鲁国发起进攻。

与此同时，鲁国的战略态势已由攻势转为守势。从战场的变化便可见一斑——这一次的战场更加靠近鲁国的都城，位于长勺之地。

当鲍叔牙率领的齐军如狂风般席卷而来时，鲁庄公不禁回想起那些被齐军威慑的岁月，心中忧虑重重。就在此时，曹刿的身影出现在了他的视线中。

曹刿沉声问道："大王，您认为在与齐国的战争中，我们有哪些优势能够激励士兵们奋勇杀敌呢？"

鲁庄公思索片刻，回答道："我向来与将士们共享荣华，无论是美食还是华服，我都愿与他们分享。"

曹刿却轻轻摇头表示不赞同。

鲁庄公又说:"我祭祀时总是心怀虔诚,从不吝啬祭品,希望能以此感动诸神。"

曹刿再次否定:"神灵或许能给人心灵上的慰藉,但在现实世界中,我们仍需靠自己的力量去解决问题。"

鲁庄公继续说道:"我一直秉公执法,虽不能保证每件案子都完美处理,但始终力求公正合理。"

曹刿闻言点头:"这正是民众所期盼的。您为民众办实事、办好事,他们自然会拥护您。这场战争,我们还可以一打。我愿与您并肩作战!"

在曹刿的眼中,只有深受民众尊敬的君主,才能凝聚起强大的战斗力,赢得这场关乎国家存亡的战争。如今齐军已兵临城下,鲁庄公与曹刿同乘一辆战车,共同面对这场国难。

长勺一战中,鲁国全军上下团结一心,士兵们奋勇杀敌。这一战不仅打退了齐军的进攻,更促成了数年后两国签订盟约,息兵言和。

管理有招

在现代管理实践中,单纯发号施令已远远不能满足管理的需求,对下属的关怀亦成为管理者的核心技能。我们深知,人类的基本生活条件——衣食住行,是参与社会经济、政治活动的基础。下属的个人生活状况对其思维动态、精神状态乃至工作效率产生深远影响。一位杰出的企业领导者,不仅应精通用人之道,更需擅长通过为下属解决困难与挑战,来激发他们的工作热忱——包括主动性和创造性,进而促使他们全心投入工作。

所谓"视士卒如爱子"的关怀理念,即将员工视作家人,为他们营造家一般的温馨氛围。

第一，构建一个舒适的工作环境。

随着社会经济结构的不断演进，员工对企业的期望日益提升。他们不仅关注物质报酬，还重视工作环境的舒适度等软性因素，对工作满意度的要求愈加全面。

通常，卓越的企业往往能为员工提供一流、舒适的工作环境。这是因为他们认识到，优越的环境不仅能让员工在工作中感受到身心的舒适，还能有效激发他们的创造力和工作激情。更为关键的是，当员工在这样一个有利于个人成长的环境中感受到企业的殷切期望时，他们将更加奋发向前，这也正是优秀企业能够脱颖而出、成为行业佼佼者的关键所在。

第二，鼓励员工表达内心想法。

当企业文化和管理制度与员工的个人认知发生冲突时，尽管员工可能在管理者的要求下表现出一定程度的接受，但这并不意味着他们真正从内心接受了这些冲突。在这种情况下，我们应积极鼓励员工坦诚地表达他们的想法，无论这些想法是否合理。让员工畅所欲言是解决矛盾的最佳途径。如果员工内心的不满和怨气长期被忽视，积累到一定程度就会变得难以解决。因此，我们应为员工开设一条"绿色通道"，使他们能够及时将自己的想法反馈给管理层。

第三，提升员工的归属感。

员工能够坦诚表达自己的想法是一个积极的开始，但要真正解决问题，还需要引导他们从观念上将公司的问题视为自己的"家务事"。这就需要管理者努力培养员工的归属感，使新员工不再将自己视为"局外人"。

为了实现这一目标，企业领导应更加关注员工的生活，及时为他们遇到的职业挫折、情感波动和健康问题等提供支持和疏导。通过建立良好的人际关系和团队氛围，我们可以赢得员工对企业的忠诚，并增强他们对公司的归属感。这将有助于将整个企业凝聚成一个紧密团结的团队，共同为公司的发展贡献力量。

给福利，也要施行"钓鱼化"设计

管理的顶层逻辑

> 凡治国之道，必先富民。民富则易治也，民贫则难治也。奚以知其然也？民富则安乡重家，安乡重家则敬上畏罪，敬上畏罪则易治也。民贫则危乡轻家，危乡轻家则敢凌上犯禁，凌上犯禁则难治也。
>
> ——《管子》

欲求社会的长治久安，首先必须确保百姓过上殷实富裕的生活。百姓的生活富足安康，他们自然会深切地珍爱自己的家园，恪尽职守，对君主充满敬意，对法律保持敬畏之心。这样的社会氛围，无疑将为和谐稳定的社会环境奠定坚实基础。

然而，倘若百姓生活陷入困顿，流离失所，他们便可能因生活的重压而心生不满，对权威产生蔑视，甚至可能不惜冒险去触犯法律。这种情况一旦发生，社会秩序将陷入混乱，管理也将变得无从谈起。

大佬管理哲学

刘邦称帝之后，在某个黄昏，与张良一同在宫中花园里缓缓踱步。夕阳的金色余晖将两人的身影拉得长长的，宫中的花儿在微风中散发着淡淡的清香，但刘邦的双眉却紧蹙不展。

"张良啊，"刘邦轻声开口，语气中带着些许不安，"我最近总是碰到大臣们私下聚会，但每当我走近，他们就立刻散去，好像见到鬼似的。这已经不是第一次了，我总感觉他们在商量些什么，你说，他们到底在谈什么？"

张良停下脚步，神色凝重地看着刘邦："陛下，此事我早已有所察觉。他们在暗中筹划的是……"

刘邦一听，脸色骤变："你说的可是真的？我自问对臣子们不薄，他们为何要这样做？难道我给他们的荣华富贵还不够吗？"他的声音中透露出深深的不解与失望。

张良轻叹一声，继续说道："陛下，问题的症结在于您的封赏。您依靠众臣之力打下了江山，但在封赏时却多凭个人好恶。天下的资源有限，如果您总是偏袒亲信，那么其他臣子又该如何自处呢？现在，他们觉得封赏无望，又担心因小过而受重罚，所以决定先下手为强。"

刘邦沉默了许久，心中波涛汹涌。自从击败项羽后，他的确有些飘飘然，自以为天下无敌，却忽略了许多关键问题。张良的这番话犹如晨钟暮鼓，让他猛然醒悟。

然而，当前的重中之重是稳定人心。刘邦对此了然于胸，于是以谦逊之姿向张良寻求解决之道。

张良稍做沉思，低声询问："陛下，您平日最为厌恶何人？且此人也为群臣所熟知。"刘邦说肯定是雍齿。

张良闻听此言，眼中闪过一丝睿智的光芒："陛下，我有一策。不妨封雍齿为列侯，以此展现您的宽广胸怀与高超智慧。只要您如此行事，眼前的困境必将迎刃而解。"

刘邦听罢，如梦初醒，心中暗赞张良妙计连连，随即颁布诏书，封雍齿为什邡侯，并紧急召集丞相、御史等人，对功臣们的业绩进行详尽审查，全面展开封赏工作。

事情的发展果如张良所料，功臣们因此安心落意。他们设宴庆祝，欢声笑语此起彼伏。众人纷纷议论："连雍齿都能封侯，我们自然更是无须担忧了。"如此一来，人心得以安定，朝廷呈现出一片和谐景象，刘邦的江山因而更加稳如磐石。

管理有招

企业治理之道，与治国理念相通，尤其在员工福利管理上更需精细考量。员工福利不仅是待遇问题，更关乎企业文化、员工忠诚度和整体运营效率。

在制定员工福利政策时，企业首先需深入调研，准确把握员工的差异化需求。通过科学设计和细致分析的调查问卷，企业能够洞察员工对福利的真实期望，从而制定更具针对性的福利策略，以体现企业对员工的深切关怀与尊重。

第一，个性化福利定制。

为满足员工多元化的需求，企业应推行个性化的福利方案。对于年轻员工，可提供健身卡、文化娱乐活动门票等，以契合其活跃的生活方式和兴趣爱好；对于有家庭的员工，可组织亲子活动、家庭旅游等，增进家庭和睦；对于技术型员工，则可提供专业技能培训和专业书籍等福利，以支持其职业成长。这样的策略不仅精准回应了员工的需求，也展示了企业的人性化管理和精细化的员工关怀。

第二，教育培训福利的提供。

员工的职业发展始终是企业关注的焦点。因此，提供全方位的教育培训福利显得尤为重要。企业应设立多元化的培训体系，包括技能培训、管理培训、语言学习等，以助力员工在职业道路上不断进步，提升其个人能力和职业素养。通过教育培训，员工能够持续增强自身竞争力，进而为企业创造更大的价值。这不仅有利于员工的个人成长，也对企业的长远发展具有积极意义。

第三，经济性福利举措。

除了具体的实物福利，经济性福利措施同样是员工关注的重点。企业应积极考虑设立包括年终奖、绩效奖金以及股票期权等在内的多元化福利项目，以此让员工能够真切地感受到来自企业的实质性回馈。同时，为进一步提升员工的财务规划与管理能力，企业应提供相应的理财培训以及专业的投资指导，助力员工实现个人财富的稳健增长。

第四，社交性福利策略。

一个和谐融洽的团队氛围对于提升员工的工作积极性和整体效率具有至关重要的作用。因此，企业需要积极策划并组织各类社交活动，例如团队聚餐、户外运动以及集体旅游等，通过这些活动有效增进员工间的互动交流。社交性福利不仅能够有效加强团队的向心力与凝聚力，更能够促进员工间的深厚友谊，显著提升员工的幸福感和归属感，从而进一步激发他们的工作热忱与创造力。

定好基调：拿出业绩，就有奖励

管理的顶层逻辑

梁王来朝。时上未置太子，与梁王宴饮，从容言曰："千秋万岁后传于王。"王辞谢，虽知非至言，然心内喜；太后亦然。

——《资治通鉴》

梁王刘武抵达长安，朝拜汉景帝。当时，汉景帝尚未被册立为太子，在与梁王共享宴席之际，他闲适地提道："待我百年之后，帝位便传于你。"梁王闻言，虽心知这并非汉景帝的真心话，却仍感到由衷的欣喜，并向汉景帝表达了谢意；窦太后对此亦是乐见其成。

第六章 赋能：运作利益绑定，实现团队人效倍增

> 大佬管理哲学

窦太后共生有四子，其中长子为汉景帝刘启，次子则是梁王刘武。这兄弟二人，同父同母，平素里关系看上去也还不错。

窦太后对刘武偏爱有加，她不止一次地向汉景帝提出，希望未来能将皇位传于刘武，实现兄弟轮替的皇位传承。尽管汉景帝当时尚未册立太子，但他对于这一提议始终保持着模糊的态度，既未明确反对，也未支持。

刘武本人也有些才华，又有母亲窦太后的坚定支持，因此，他对皇位也的确怀有深深的渴望。

然而，在封建社会的传统中，皇位的继承遵循着严格的嫡长子继承制度。这意味着，皇位理应传给皇帝的长子，即便是庶子也没有这个资格，更遑论作为弟弟的刘武了。这是一条不可轻易违背的祖制。

汉景帝洞悉刘武对皇位的热切想法，便巧妙地利用这一点，为刘武绘制了一个美好的未来愿景，以此激励他为自己尽忠。

当时，汉景帝采纳了晁错的建议，决心着手削弱日益强大的藩王势力。随着时间的推移，老一辈的开国功臣已逐渐凋零，新生代的藩王们开始蠢蠢欲动，造反的苗头已经显现。

汉景帝深知，削藩之事刻不容缓。而在众多藩王中，梁王刘武的实力尤为强大，他所占据的地盘具有极其重要的战略地位。加之刘武本人才干不错，汉景帝因此决定利用他对皇位的渴望，驱使他为自己效命。

于是，在一次家宴之上，当着母亲窦太后的面，汉景帝从容不迫地说等他死后，皇位就传给刘武。

刘武内心狂喜，因为哥哥汉景帝是当着母亲窦太后的面说的，老妈在上，这个你总不能糊弄吧。窦太后也非常高兴。她一直想让老大汉景帝表态，这回老大终于松口了，看来将来刘武接位的事十有八九了。

于是，在这几句简单的言辞之间，母子三人达成了一桩交易，心照不宣。

什么交易？刘武替哥哥汉景帝抵挡七国叛乱的进攻，共同拱卫皇室。将来汉景帝驾崩后，传位给刘武。各取所需，皆大欢喜！

果然不久，以吴王刘濞为首的七个藩王发动七国之乱，开始攻势很猛，势如破竹。但刘武不是吃素的，他竭力抵抗。因为在他看来，现在保住了汉景帝，就是保住了自己将来的皇位。刘武于是竭尽全力，为七国之乱也算立下了汗马功劳。

管理有招

不论是对于企业还是个体，追求利益最大化始终是终极目标。因此，最能激发员工积极性的，便是让他们看到实现个人利益的可能性。

然而，在团队环境中，可分配的利益毕竟有限。那么，如何利用这些有限的资源来最大限度地激发每个成员的积极性和干劲呢？答案在于巧妙地"绘制愿景"，即我们常说的"画饼"。

这种通过描绘未来美好愿景来激励团队的方法，在任何时空背景下都是行之有效的。当然，"画饼"也需遵循一定的技巧和原则。

第一，激励的必要性。

不能忽视激励的作用。不善于激励下属的领导，往往无法理解员

工内在驱动力的关键性。仅仅依赖员工的自觉性和机械性工作，甚至领导与员工各自为战，会导致整体效率低下。缺乏激励，员工将丧失斗志与工作热情。

员工的执行力并非源于无条件的自发自觉，而是在领导合理激励下的高效工作参与。若无激励，员工何以与你协同？何以服从你的指导？

第二，避免虚假承诺。

虚假承诺，即管理者为了达成管理目标，不切实际地夸大事实或承诺无法实现的奖励。这种领导心知肚明的虚假承诺，虽短期内可能提升员工积极性，但长期而言，是一种极端不负责任且自毁前程的管理手段。

第三，实现真实承诺。

与虚假承诺截然不同，真实承诺要求领导者言出必行，信守诺言。为了维护良好的工作秩序与效率，领导者甚至需不惜代价兑现激励承诺。

员工动力的核心在于他们对实现期望值的可能性评估与结果反馈。当员工认同目标并觉得可实现时，便会产生努力的动力。一旦目标达成并获得承诺的奖励，他们将期待下一次的挑战。善于实现真实承诺的领导，能够准确把握员工的心理需求，将期望转化为现实，从而增强员工的信任感，并持续提升员工的工作效率。

把握好激励与约束之间的动态平衡

> **管理的顶层逻辑**
>
> *工欲善其事，必先利其器。*
>
> ——《论语》
>
> 工匠若欲精工细作，必先精心打磨其工具，确保其锋利精良，方能得心应手，佳作连连。

> **大佬管理哲学**

刘邦登基后，在洛阳南宫的庆功盛宴上，他抛出了一个发人深省的问题："诸位，我能够坐拥天下，是何缘故？而项羽失之，又是为何？"

此言一出，群臣议论纷纷。高起与王陵沉思后回应道："陛下或许有些傲慢，但陛下能攻下一城一地，便将其分封给有功之臣，与众人共享战果。而项羽虽然为人仁爱，但对待功臣却心存嫉妒，不愿分享战利品，这恐怕是他失去天下的根源。"

刘邦微微一笑，摇头道："你们看到的只是冰山一角。论及在幕后运筹帷幄，决胜千里，我远不及张良；论守护国家，安抚万民，确保后勤供应，我亦不如萧何；若论统率大军，战无不胜，我更不如韩信。这三人皆为英才，但我能将他们招致麾下，共同为我所用，这才是我得天下的真正秘诀。反观项羽，虽有范增这样的智者，却不能给予足够的信任，最终落败。"

在刘邦的眼里，掌握人才即是掌握天下。值得注意的是，萧何原本地位在他之上，张良出身高贵，韩信更是曾效命于项羽。那么，为何他们都选择追随出身卑微的刘邦呢？

这背后，无疑彰显了刘邦那与生俱来的领袖气质。一个真正的领袖，其最大的能力并非在于专业技能，也非仅仅在于品德，更不在于事事亲力亲为，而是在于如何识人、用人，尤其是敢于起用那些比自己更加出色的人才。

那么，刘邦是如何既能吸引这些英才，又能确保自己不被他们取而代之呢？除了他个人散发的魅力外，更为关键的是他那种乐于分享的心态，以及他采取的一系列科学、有效的管理手段和实际行动。简而言之，他建立了一套既能激励又能约束的机制。

在荥阳僵持不下之时，刘邦被项羽一箭射中心口，他在养伤期间，急忙修书一封召唤韩信来援。然而，韩信的回信却让他心生波澜。韩信在信中提出，他希望能成为代理齐王。

刘邦恍然大悟，他猛地一拍桌子，佯怒道："韩信这小子，他目光也太短浅了！男子汉大丈夫，既已平定三齐，威震四方，要做就做真正的王，何必拘泥于一个代理齐王的名号！子房（张良的字），你速速吩咐工匠铸造齐王金印，并亲自跑一趟临淄，正式册封韩将军为齐王。"

在这楚汉争霸的关键时刻，项羽也曾试图通过武涉策反韩信。然而，韩信却坚定地回应道："武大夫的忠告，我自然铭记在心。但情义，乃是大丈夫的立身之本。想当初在项王麾下，我不过是个小小的郎中，持戟侍卫，进言无人听，献策无人纳，所以我才弃楚投汉。汉王对我言听计从，委以重任，封为上将，赋予军权。他甚至脱下自己的外衣给我穿，省下珍馐美馔与我共享，如今又封我为齐王。这份知遇之恩，我韩信永生难忘。我已立誓效忠汉王，请武大夫代我向他表达深深的谢意。至于这些礼物，我实在不能接受。"

不久之后，韩信便以十面埋伏之计覆灭项羽。可以说，刘邦对下属的尊重与信任，决定了楚汉争霸的最终走向。

管理有招

所谓激励约束机制，其核心原则便是"赏罚分明"，而在这一机制中，奖励所起到的正面推动作用显著超越惩罚。激励措施通常可划分为物质激励与非物质激励两大类，涵盖工资、奖金、津贴、福利、晋升机会以及荣誉称号等诸多方面。对于管理层而言，尤为关键的激励策略是将员工的薪酬待遇与其工作绩效紧密相连。

管理者必须深刻认识到，要确保员工全力以赴，最根本的途径在于使他们感受到自身努力与所得回报之间的直接关联。

第一，内在报酬不容忽视。

员工除了追求薪资、福利等外在回报外，还渴望从工作中获得胜任感、成就感、责任感等内在满足。这些内在报酬与员工对工作的满意度息息相关，对于知识型员工而言尤为重要。因此，我们应通过完善工作制度、提升员工影响力、制定合理的人力资源流动政策等方式，来增强员工的内在满足感。

第二，建立与技能水平相挂钩的薪酬。

通过实施个人技能评估制度，我们可以根据员工的能力水平来确定其薪资标准，从而划分出不同的技能等级。这样的制度不仅有助于员工更加关注自身的职业发展，还能激发他们不断提升专业技能的动力。

第三，股权激励。

若将国家喻为一家公司，那么股权激励便与古代的"裂土封侯"有异曲同工之妙。股权激励融合了物质与非物质激励的双重优势，不仅实现了公司价值的物质分配与共享，更赋予了员工公司主人的身份，从而大幅提升了他们的归属感和荣誉感。由此可见，刘邦深谙股权激励之道，正因如此，他方能从微末中崛起，创立中华民族的第一大品牌——"汉"，实现家族四百多年的垄断，其品牌影响力延续至今，仍无与伦比。

第四，确保公平性。

在设计薪酬制度和进行待遇管理时，管理者应首要考虑员工对待遇分配的公平感受。这里的公平性涵盖三个层面：一是本部门待遇需与其他同类部门相当，二是本部门内同类员工之间待遇应相对均衡，三是员工所得待遇应与其贡献相匹配。管理者需对此进行准确评估。

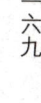

同时，根据员工的表现优劣，管理者应在待遇上适当拉开差距，以体现按贡献分配的原则，并保持待遇的激励作用。

第五，注重经济性。

虽然提高待遇能增强竞争力和激励效果，但也会带来人力成本的上升。因此，薪酬制度的设计必须受到经济性原则的约束。然而，在评估人力成本时，我们不仅要关注待遇的绝对水平，更要关注员工所能创造的绩效。事实上，员工的绩效对企业产品竞争力的影响远大于成本因素。换言之，员工的工作热情和创新能力对企业的生存和发展至关重要。若过分纠结于工资的细微差异，可能会因小失大。因此，我们既要避免铺张浪费，也不可过于吝啬。

非内耗竞争：它山之石，可以攻玉

第六章 赋能：运作利益绑定，实现团队人效倍增

管理的顶层逻辑

它山之石，可以攻玉。

——《鹤鸣》

别的山上藏有珍稀美石，极适合雕琢成精美的玉器。

大佬管理哲学

曹操麾下大将张郃率军猛攻葭萌关，守将孟达与霍峻奋力抵抗，随即败下阵来，急忙向刘备求援。刘备闻讯，即刻召集众将及诸葛亮共商对策。

诸葛亮沉吟道:"张郃非等闲之辈,唯有张飞将军方能与之抗衡。"

法正接话道:"张将军正镇守阆中要地,不可轻动。我们需从现有将领中选派一人迎战。"

诸葛亮苦笑:"张郃乃曹军悍将,眼下我军中确无人可与之匹敌。张将军又不能前来……"

话未说完,帐中一人挺身而出:"军师莫要小看了人,我虽不才,却愿往擒张郃。"

诸葛亮定睛一看,原是老将黄忠,便道:"黄老将军之勇,人皆敬仰。但您年事已高,恐非张郃之敌。此事还需张将军出马……"

> 我老虽老矣,尚能开三百斤铁弓,何以不能敌张郃!

> 将军要服老啊,若是张将军在……

黄忠默然不语,转身步出大帐。须臾,帐外传来金铁交鸣之声。黄忠手持大刀,舞动如风,滴水不漏。接着,他取下墙上铁弓,连续拉断两张，以示自己骁勇不减当年。

诸葛亮见状，方才点头："将军既决意出征，何人愿为副将？"

黄忠答道："老将严颜可当此任。若我二人不能取胜，愿献上这颗白头。"

诸葛亮心中暗赞，遂命二人领兵迎战张郃。黄忠与严颜奔赴葭萌关，以智计击败张郃，凯旋。

张郃败北后，曹操又派夏侯渊统率大军来犯。黄忠闻讯，主动请缨迎战。诸葛亮再次运用激将法，试图点燃黄忠的斗志："老将军固然英勇无敌，但夏侯渊的实力却远在张郃之上。他精通兵法、策略，镇守西凉多年，使得无人敢越雷池一步。之后他又被派驻长安，成功抵御了马超的进攻。如今曹操又将他调至汉中，这份重任足以彰显夏侯渊的非凡才能。老将军您虽已成功击退张郃，但要对付夏侯渊，确实难度不小。我反复思量，或许唯有请关羽从荆州归来，方能与他抗衡。"

这番话语，果然如诸葛亮所料，激起了黄忠的满腔热血。他挥舞大刀，快如闪电，豪气冲天地回应道："昔日廉颇年逾八十，尚能食米一斗、肉十斤，令外敌闻风丧胆，何况我尚未到古稀之年。军师既然嫌我年老，那我今日便不带副将，只领本部三千人马，誓要斩下夏侯渊的首级，献给主公与军师！"

事后，诸葛亮对刘备说道："若非用言语相激，这位老将此行未必能建功。"而在战场上，黄忠果然不负众望，他挥刀上阵，勇猛无敌，所向披靡。最终，成功斩杀了夏侯渊，并率军追击敌军数十里，赢得了"宝刀不老"的赞誉。

管理有招

　　人类本质上具有一种惰性，若长时间从事重复且单调的工作，缺乏挑战与变化，他们容易陷入麻木和懈怠的状态，仅仅应付了事。这种情况对于管理者而言，是一项巨大的挑战。

　　显然，这种状态无论对员工个人还是对整个团队，都是一种潜在的损害。因此，管理者需要明确地传达给员工，他们的工作表现并未达到预期标准，并且让他们意识到，如果不努力提升自己，他们的工作岗位可能会被其他更有能力的同事取代。这种竞争压力可以有效地激发他们的工作动力。

　　然而，竞争机制的使用需要谨慎，因为过度或不恰当的竞争可能会引发团队内部的矛盾和冲突，从而损害团队士气。所以，管理者在引入竞争机制时，必须深思熟虑。

第一，竞争机制的设计必须科学、合理，且确保公平和公正。

任何形式的不公平都会破坏竞争的正当性，就如同偏袒一方的裁判会毁掉一场足球比赛一样。例如，如果员工意识到某个职位的晋升已经被内定，他们就不太可能对该职位的竞选感兴趣。同样，如果对未能完成任务的员工也给予奖励，那么这必然会打击那些表现出色的员工的积极性。只有确保竞争的公正性，才能实现竞争机制的真正目的。

第二，管理者需要密切关注并防止不正当竞争的发生。

在竞争激烈的环境中，不正当竞争行为，如相互拆台、封锁信息或技术资料、形成小团体等，都可能出现。这些行为不仅会破坏团队精神，还可能损害公司的整体利益。一个组织的成功高度依赖于全体员工的团结和目标一致，而不正当竞争则可能对这种团结造成毁灭性的打击。

为了有效规避不正当竞争的潜在弊端，管理者应当采取以下策略：

首先，要着力塑造团队精神，明确传达竞争的核心目的在于推动团队的整体进步，而非制造内耗。团队成员需深刻理解，通过竞争提升个人技能与团队效率才是最终目标。

其次，设立一个具有吸引力的共同奖励目标，这一目标只有通过团队成员间的紧密合作才能实现。这样做能够激励员工团结协作，共同追求团队的成功。

再者，对竞争的内容和形式进行改革至关重要。应剔除那些可能导致成员间直接对抗和利益冲突的竞争项目，转而设计更加注重团队协作和创新的竞赛活动。

此外，管理者可以巧妙地创造或引入一个外部的共同"威胁"或竞争对手，例如同行业的另一家公司，以此来转移和淡化团队内部的对抗情绪，促使成员们更加团结一致对外。

最后，当不正当竞争行为出现时，管理者应及时介入，与相关人员进行坦诚沟通。明确指出不正当竞争行为的危害，批评彼此间的暗算和不合作态度，并强调只有通过真诚合作才能获得奖励和认可。同时，对正当竞争者给予公开表扬，以树立正面的榜样。

第三，确立明晰的规则体系。

在制定竞争规则时，我们无须过于烦琐，而应着重构建大体的框架，并为每个框架设定细致的评估准则及相应的得分机制。以文案策划岗位为例，我们可以从以下三个维度进行评估：态度（涵盖考勤纪律、职业着装、言谈举止等方面）、能力（包括文字表达能力，以文案采纳率作为重要指标，以及工作效率、策划创新能力等）、业绩水平（主要考察客户满意度和回头率等）。尽管规则设定看似简单，但实际操作却颇具挑战，这需要管理者投入相当多的心血。在评价方式上，我们虽可以采用分数制作为基础，但应避免单一依赖分数，而应结合其他多元化的评价机制，如两两竞争，或者将评价等级与赏罚标准进一步细化，并确保赏罚措施与评价等级严格对等，从而打消员工"不求有功，但求无过"的消极心态。

第四，实施有效的监督与引导。

正如鞋子合脚与否需穿上方知，考核标准也应在实践中不断检验与调整。在实施竞争机制的过程中，管理者要密切关注实施情况，并根据反馈及时调整规则。同时，竞争必然带来胜负之分，而过度的胜负欲可能引发负面效应。因此，管理者的积极引导至关重要，要确保员工在追求胜负的同时，不忘初心，始终紧扣团队的整体目标。

第七章
制衡：
宽猛兼用，控制权力的正确性

团队权力，一定要给到正确的人手中

管理的顶层逻辑

> 割政分机，尽其所有。然则函牛之鼎，不可处以烹鸡；捕鼠之狸，不可使以搏兽；一钧之器，不能容以江汉之流；百石之车，不可满以斗筲之粟。何则大非小之量，轻非重之宜。
>
> ——《帝范》

设立职位，分配政务，应让每个人发挥其专长。用来装牛的鼎，不适宜用来烹煮小鸡；捕捉老鼠的狸猫，不应让它去与猛兽搏斗；一钧容量的小器皿，无法承载江汉那样的滔滔大水；而能载百石的大车，若只用斗筲之量去装粟米，则永远无法装满。这是为何呢？因为事物的大小、轻重各不相同，我们应该恰当地使用它们。

大佬管理哲学

周亚夫出身于显赫的家族,其父乃是西汉开国元勋绛侯周勃。因兄长不慎触犯法律,周亚夫得以承袭绛侯的爵位,从此开启了他的仕途之旅。在汉文帝时期,匈奴来犯,周亚夫临危受命,统帅细柳军迎敌,其军队纪律严明,备受汉文帝的赞赏。

汉景帝登基后,吴楚七国之乱骤然而至。在周亚夫的英明指挥下,这场声势浩大的叛乱在短短几个月内便被迅速平定。凭借此等赫赫战功,周亚夫被汉景帝擢升为丞相。

彼时,有匈奴将领唯徐卢等五人归降汉朝,汉景帝意欲封他们为侯,以此鼓励更多匈奴将领归附。这本是笼络人心的妙招,然而,身为丞相的周亚夫却持反对意见。他认为,倘若将背叛国家的降将封为侯爵,那又该如何嘉奖那些始终忠诚于国家的臣子呢?

此言听似有理，实则缺乏全局观念。汉景帝当即反驳道："丞相之议，不可取也。"周亚夫见状，亦显露出倔强本色，索性以病为由，请求辞职。汉景帝也未加挽留，随即批准了他的辞呈。

辞官后不久，便发生了那场著名的"筷子事件"。

某日，汉景帝设宴款待周亚夫，特意为他准备了一大块肉，却未将其切开，也未提供筷子。周亚夫心生不悦，便向侍者索要筷子。汉景帝含笑说道："丞相，朕赐你如此大块的肉，你竟还不满足吗？还要向侍者讨要筷子，真是讲究啊！"周亚夫闻言，慌忙下跪谢罪。

汉景帝接着说："既然丞相不习惯徒手吃肉，那便罢了。今日宴席，就到此为止吧。"于是，周亚夫只得悻悻而退，心中却是五味杂陈。这一切都被汉景帝洞悉，他叹息道："周亚夫连我的小小失礼都难以容忍，他又如何能忍受太子的年轻气盛呢？"基于这样的判断，汉景帝认为，若让周亚夫辅佐太子，他必定会提出诸多非分要求，于是彻底打消了让他担任太子辅政大臣的念头。

自刘邦创立西汉以来，一直沿用秦朝的军功爵制。在这一制度下，唯有立下赫赫战功的武将才有资格封侯，而只有获得侯爵的人才有机会被拜为宰相。因此，汉初时期不乏征战沙场一生的老将在功成名就后，突然转型进入朝堂处理国家政务的例证。然而，这些武将虽然在战场上所向披靡，但处理朝政却未必是他们的强项。

以周亚夫的父亲周勃为例，他曾跟随刘邦征战四方，立下赫赫战功，更在铲除诸吕、恢复刘氏江山的行动中发挥了举足轻重的作用，因而被拜为丞相。然而，当汉文帝询问他天下一年间判决了多少案件、国家收入了多少钱谷时，周勃却一问三不知，最终因此丢掉了相位。

更令人唏嘘的是，周勃后来还曾被诬告谋反。面对狱吏的审问，他竟不知所措，无言以对。由此可见，他对于人情世故一无所知，这样的人担任宰相之职，真的合适吗？

管理有招

管理工作中的一大忌讳，便是误选授权对象。正确的授权，首先要求我们将权力赋予那些具备相应能力的人员。错误的选择不仅无法带来益处，反而可能引发诸多问题。因此，授权者在选择下属进行授权时，应进行如下深入的分析：

1. 该人员具备哪些专业技能、特长和实战经验？其政治素养和道德品质如何？他最适合执行哪些类型的任务？

2. 若委托此人负责某项工作，如何能最大限度地调动其工作积极性和挖掘其潜在能力？

3. 他目前所承担的工作职责与计划授权的任务有哪些紧密的联系？

4. 此人对哪类工作怀有最深厚的兴趣和关注？

5. 哪项工作对他来说最具挑战性，能激发其斗志？

只有在对上述问题进行细致分析的基础上，我们才能确保所授予的权责与受权者的品质、能力、性格及兴趣达到高度统一，从而确保权力被赋予最适合的人选。

在实际工作环境中，具有以下特质的人员，通常被视为理想的授权对象：

第一，不徇私情的忠诚者。

他们通常以高度的责任心和专注力处理事务，始终秉持着善始善终的工作态度。这些人勇于捍卫原则、坚持真理，对于错误的言行和时弊，他们勇于直言不讳地指出。若领导者能果断地将权力授予他们，必将收获他们坚定且可信赖的支持与协助。

第二，精通团结协作的佼佼者。

在实际工作中，他们展现出卓越的协调与组织才能，擅长梳理与调和人际关系，具有强大的团队凝聚力和向心力。由于工作成果往往依赖于团队成员的齐心协力与紧密合作，因此，在当今社会中，那些擅长携手共进、注重情感沟通的公共关系高手，无疑是理想的授权人选。

第三，独立处理问题的能手。

这类人具备出色的独立思考能力，擅长洞察并识别处于萌芽状态的问题；他们善于应对错综复杂的难题，并能提供富有价值的独到见解。他们的存在能够有效填补领导者在知识层面的不足，将权力交予他们，通常能够帮助组织攻克重重难关。与之相反，那些面对问题束手无策、事事依赖领导指示的人，通常难以成为合适的授权对象。

既要表明信任，也要及时跟进

第七章 制衡：宽猛兼用，控制权力的正确性

管理的顶层逻辑

> 设官分职，君之体也；委任责成，君之体也；好谋无倦，君之体也；宽以得众，君之体也；含垢藏疾，君之体也。君有君人之体，其臣畏而爱之，此帝王所以成业也。
>
> ——《长短经》

设立官职、分配权责，委派并监督官员们尽职尽责，此乃治国之基石。深谙策略、孜孜不倦地筹谋国事，胸怀宽广、深得民心，此为君王之必备品质。化解纷争，消除隐患，更是国家领袖必须精通的治国要略。唯有如此，方能赢得文武百官的敬畏与爱戴，奠定帝王一统天下的坚实基础。

大佬管理哲学

监军制度源远流长，早在战国初期便已有记录，成为我国古代中央对军队实施掌控的一种重要方式，具有一定的积极意义。然而，至唐朝时期，这一制度出现了新的变化——宦官监军的兴起。

安史之乱的爆发加剧了唐玄宗对大臣的不信任，宦官监军因此应运而生，如孙知古监督郭子仪的军队、邢延恩监察房琯的部队，以及鱼朝恩对九节度使的监管等，均体现了宦官在军事监督中的角色。

随着安史之乱的终结，监军逐渐演变为一个固定的职位，即便在和平时期也普遍设立。朝廷在各个藩镇都建立了常驻的监军机构，这些机构被称为监军院或监军使院，负责"护兵于镇守"。

宦官监军的权力和地位不断攀升，其作用自然也是双面的。

首先，从积极的角度来看，朝廷在藩镇安置宦官监军的初衷便是为了发挥其监察功能，而在这方面，监军确实表现得相当得力。他们时刻关注着藩镇的动态，并及时向朝廷汇报，使得中央能够迅速掌握各地的情况。此外，在晚唐时期，节度使的更替变得频繁，监军地位的提升有助于在节度使人选变动时稳定局面，防止藩镇内部各派系发生混乱。例如，当成德节度使王承宗逝世后，其手下推选其弟王承元接任。尽管王承元接替王承宗的位置在情理之中，但他仍坚持要先征得监军的同意，这足以彰显监军所具有的威慑力。

再来审视宦官监军所带来的负面影响。

皇帝为了强化宦官在军队中的角色，赋予了监军更大的权力。然而，权力的膨胀不仅带来了更多的利益，也催生了不容忽视的消极后果。

作为天子的近侍，宦官执行的是皇帝的旨意，无须对其他大臣负责。这意味着，除了皇帝之外，无人能够指挥宦官，大臣们对此束手无策。在皇帝英明或能够自主决策的情况下，这或许不构成问题。

但晚唐时期的情况却截然不同。随着宦官对朝政的影响力日益增强，他们甚至达到了能够操控皇帝的程度。这时，皇帝的命令实质上变成了朝中宦官的命令，监军的宦官也因此转而听从朝中掌权宦官的指令。这相当于中枢宦官直接掌控了监军的权力。

宦官监军权力的扩张导致他们对军务的干涉范围越来越广，"侵扰军政，将帅无法独立决策"。将领们无法有效统领部队，错失战机、错误决策的情况频频发生。

更为严重的是，宦官监军原本是用作制衡藩镇将领的一种手段，但他们自身却缺乏任何监督机制。这导致宦官监军可以肆意诬陷将领，残害忠良。例如，监军杨叔元煽动士兵叛乱，杀害节度使李绛；又如岭南的许遂振诬告节度使杨於陵；昭义的薛盈珍为了夺取姚南仲的兵权，多次向上级诬告。

每项制度的诞生都有其复杂的背景，每件事物也都具有两面性。

总体来看，唐朝后期形成的宦官监军制度并非多余或无用。它充当了中央与藩镇之间的桥梁，也是朝廷控制藩镇的重要工具，发挥了积极作用。

然而，从另一角度来看，宦官监军权力的过度扩张和缺乏有效制约又导致了他们骄纵不法、误判战机等诸多负面影响，这在政治和军事上都造成了深远的影响。

管理有招

过度放权，并非激发员工积极性和创造性的良方，反而可能为自身招致无谓的困扰。精妙的授权艺术在于，既赋予员工一定的权力空间，又避免让他们产生被轻视的错觉；既要对员工的工作进展进行督查，又不可使他们觉得徒有虚名而无实权。欲成为杰出的领导者，此道不可不察。

第一，评估授权风险。

在每次授权之前，管理者都应对潜在风险进行全面评估。倘若预见的风险显著超出可能获得的收益，则应避免授权。若问题的根源在于管理者自身，则应及时自我调整与修正。当然，管理者不应过分追求安稳无虞，须知任何授权的潜在收益与风险通常都是并存的，且二者往往成正比——风险愈高，收益亦可能愈丰。

第二，指令跟进。

管理者在授权后，往往容易忽视对已发出指令的跟进，然而，对指令执行情况进行持续跟进是确保任务有效执行的关键手段。

指令跟进可采用两种方式：其一，管理者在发出授权指令后的适当时间，亲自检视指令的执行进度；其二，与下属在指令发布时即约定，下属需定期提交关于指令执行情况的详细报告。

在实施指令跟进时，管理者应明确其目的在于：

1. 监控指令是否依照既定计划推进；

2. 侦测是否存在阻碍指令实施的突发情况；

3. 评估下属执行指令的效率；

4. 自省并改进自身指令发布的方式，以提升未来指令传达的效果。

基于此，优秀的管理者在指令跟进过程中，会重点关注以下几个方面：

1. 下属完成任务的品质与数量；

2. 工作进展的速度和下属的工作态度；

3. 下属在工作中是否有机会展现创新性；

4. 指令的合理性，以及是否需要调整或替换原有指令；

5. 下属是否准确理解指令意图，并依循指令精神完成任务。

第三，进度监控。

授权改变了管理者的控制方式，由于权力的下放，管理者对工作的直接控制实际上在减少，这使得控制在授权过程中的重要性更加凸显。因此，管理者必须提升自己的控制技巧，以防工作失控。同时，授权使管理者得以从琐碎的日常事务中解脱出来，从而有更多时间用于指令跟进和委派任务的进度监控，这已成为管理者对这些工作负责的主要且有效的方式。

设立高压线，恩与威一样都不能少

管理的顶层逻辑

> 赏之以众情所喜，罚之以众情所恶；或申明晓谕，耳提面命，务俾人人知其所以赏与罚之故。感心发则玩心消，畏心生则怨心止。
>
> ——《练兵实纪》

在实施奖励时，应选择那些广受喜爱与认可的物品或荣誉，以此有效激发个体的积极性；而在需要施行惩罚的场合，则应采用普遍令人反感的方式，从而达到震慑与警示的效果。此外，无论是奖赏还是惩罚，都必须附带清晰明确的解释，确保每一位成员都能充分理解赏罚的缘由。只有当人们由衷地感受到这些措施的公正与合理时，他们才会对其给予应有的重视，不再轻视或忽视。同时，对惩罚的敬畏之心也会促使他们停止无谓的抱怨，更加自觉地遵守既定的规章制度。

大佬管理哲学

李靖驰骋疆场数载，屡建奇功，在朝廷与民间均享有崇高威望。然而，在帝王眼中，此等骁勇战将犹如双刃剑，善用则能所向披靡，不慎则可能反噬自身。因此，在李世民对李靖的管理中，恩威并施的策略显得尤为突出。

630年，李靖挥师灭东突厥，为唐王朝缔造了举世瞩目的功勋。然而，当他凯旋时，得到的并非是嘉奖与赞誉，而是御史大夫萧瑀（另有说法为温彦博）的弹劾。其罪名是"治军无方，纵容士兵大肆掠夺，致使珍宝流失"。众所周知，战后将士顺手牵羊并非罕见，统帅虽会事先严令禁止，但往往对轻微违规行为睁一只眼闭一只眼。此类行为原为军中潜规则，如今却被公然指摘，其中是否暗藏玄机？

李靖心怀忐忑地觐见李世民，只见金銮殿上龙颜大怒，皇帝严词斥责。李靖无奈，只得俯首认罪。

古语有云："勇略震主者身危，功盖天下者不赏。"李靖立下赫赫战功，归来却遭帝王怒斥，其功勋被置若罔闻，这显然是一个不祥之兆。自此，李靖度日如年，时刻忧虑自己会步西汉名将韩信的后尘。

终于有一日，李世民再次传唤李靖入宫。李靖怀着复杂的心情踏入皇宫，然而这次，等待他的却是喜讯。李世民面带笑容，温和地对李靖说："昔日隋朝大将史万岁击败达头可汗，但隋文帝不但未予赏赐，反而无端加罪并将其处死。我自然不会步隋文帝后尘，我决定赦免你治军不严之罪，并嘉奖你击败突厥的卓越功勋。"言毕，李世民即刻下诏，晋封李靖为左光禄大夫，赏赐绢帛千匹，并增加其实封食邑至五百户。

数日后，李世民又对李靖言道："先前有人中伤于你，如今我已查明事实真相，你无须再因此事心存顾虑。"于是再次赏赐李靖绢帛两千匹，并擢升他为尚书右仆射，位列宰相。

经历此番波折后，李靖深切领悟到人生的起伏跌宕与天子之威的难以揣测。自此，他愈发保持谦逊低调，甚至闭门自守，谢绝宾客，即便是亲戚也不得随意入内。见李靖如此谨言慎行，李世民终于彻底消除了对他的疑虑。

管理有招

或许有人会认为李世民的做法显得刻薄且缺乏恩情。然而，从另一视角审视，正是李世民巧妙地运用"胡萝卜加大棒"的策略，恩威并施，才使得李靖能够保全名节，君臣之间和谐共处。对于像李靖这样地位显赫的大将而言，能够善始善终，无疑是最为理想的结局。

"胡萝卜"代表激励，通过正面激励来激发个体内在的自发动力；"大棒"则象征施压，通过施加压力来催生前进的动力。这种"胡萝卜加大棒"的管理法则，关键在于赏罚分明，并需根据不同情境和管理对象，恰当地运用激励或施压手段，以促使被管理者达到管理者所期望的最佳状态。

第一，设定合理目标。

胡萝卜的悬挂高度需恰到好处，既非遥不可及，也非触手可及，而是需通过适度努力方可获得。胡萝卜加大棒策略的核心在于引导员工实现特定的管理目标，因此，目标本身的合理性至关重要。若目标设定不切实际，则该策略难以有效实施。

第二，个性化管理。

受遗传及成长环境等多重因素影响，每个人的性格中善恶比例各异。因此，管理者在面对不同员工时，应灵活调整胡萝卜与大棒的比例。对于积极主动、责任心强的员工，应更多采用胡萝卜式的激励方法；而对于消极懒惰的员工，则可适当运用大棒策略以促使其积极进取。此外，不同情境下，胡萝卜与大棒的结合方式也应相应调整。

第三，明确赏罚制度。

明确的赏罚制度是实施胡萝卜加大棒策略的基础。对于员工的贡献和过失，必须做到有功必赏，有过必罚。管理者应避免过度倾向于X理论（强调惩罚）或Y理论（强调激励），而应寻求二者之间的平衡。例如，某些管理者过于依赖惩罚，导致员工士气低落；而另一些管理者则过于宽容，影响了高绩效员工的积极性。这两种做法均不可取。

第四，设立高压线。

在员工行为规范中，必须明确界定哪些错误是可以容忍的，哪些是绝对禁止的，如触犯道德底线或违法行为。对于此类行为，必须坚决予以开除。设立高压线不仅有助于规范员工行为，还能为制度增添威慑力，从而强化大棒策略的效果。

用权力巩固权力，务必紧抓团队内部平衡

第七章 制衡：宽猛兼用，控制权力的正确性

管理的顶层逻辑

欲天下之治安，莫若众建诸侯而少其力，力少则易使以义，国小则亡邪心。

——《治安策》

分封诸侯，不失为长治久安的一策。通过削弱各诸侯王的力量，让他们的领地越来越小，这样一来，他们也就没了邪念，再也没有实力跟朝廷对着干了。

大佬管理哲学

西汉初年，由于各诸侯王的势力越来越大，朝廷难以驾驭，皇帝

遂有了削藩之心，可惜实力不允许。

汉景帝不信邪，高高举起削藩大旗，结果，引爆了美其名曰"清君侧、诛晁错"的七国之乱，皇位都差点丢掉了。

汉武帝刘彻吸取了父亲的深刻教训，不徐不疾，慢慢布局……

公元前127年，主父偃献上了一个著名的政论——推恩令，这个提议被刘彻接纳并实施。因此，西汉诸侯王强大难制的问题得到了根本性的解决，中央集权也因此得到了极大的强化。

推恩令因此被后人誉为历史上的顶级阳谋，汉武帝也因此赢得了"仁政"的美誉。此后，长达两千多年的封建王朝逐渐从分封制转向了郡县制。

那么，如此强悍的"推恩令"，其具体做法是什么？

在解答这个问题之前，咱们先说一下什么是阳谋？以便我们对"推恩令"了解得更加透彻。

阳谋就是，牢牢占据道德制高点，借用这个制高点，使出符合自己目的的"阴谋"。阴谋堂堂皇皇地摆在桌面上，大家都知道那是个坑，但被阳谋指向的人又不得不硬着头皮往里跳。因为只要你不跳，你就是不道德的，心怀鬼胎的人就是你。

主父偃向汉武帝提议道："在古代，诸侯国的疆域不过百里，天子和诸侯之间的强弱形势一目了然，因此容易进行管控。然而如今，诸侯国的疆域已经扩张到数十座城池，地方千里之广。如果管理得过于宽松，他们就容易变得骄奢淫逸；而如果管理得过于严格，他们又会凭借其强大的实力联合起来，结盟对抗中央。用法令来削减他们的势力，更会让他们萌生叛乱之心。之前晁错所遇到的，正是这种复杂的情势。

"如今，诸侯王的子弟众多，有的有十几个，甚至几十个。然而，只有嫡子一人能够继承王位，其他人虽然也是骨肉兄弟，却没有得到

丝毫的封地。这样的做法，显然无法发扬仁孝之道。因此，我恳请陛下下令，让诸侯王推恩封子弟，让其他子弟也能拥有封地和侯爵的荣耀。这样一来，他们人人都能如愿以偿，皇上的恩德也将施加于他们身上。而实际上，这样的做法又能分解他们的势力，使每一个封地都变得越来越小。无须削割他们的势力，他们自己就会逐渐衰弱。"

汉武帝听取了主父偃的建议，下诏说道："诸侯王中，如果有人愿意推恩，把土地分封给子弟，可以上报给朕，朕将为他们制定名号。"于是，藩国开始分割，诸侯王的子弟们都纷纷被封为了侯爵。

汉朝以"孝治天下"为主张，主父偃巧妙利用并占据了这一道德制高点，为"推恩令"的成功实施奠定了基础。他指出："诸侯王的子弟众多，然而只有嫡长子能够继承封地，其余子弟虽为骨肉，却无尺寸之封，这显然与仁孝之道相悖。"换而言之，仅给嫡长子封王，对于其他子弟不公平，这与我们大汉所倡导的以孝治天下的核心价值观不符。

显然，这是一种道德绑架，意在挑拨诸侯王与其子弟之间的关系。那些未得到封地的子弟听闻此言，自然会向父亲提出质疑："我们都是您的孩子，为何只给嫡长子封地，您说，这公平吗？"

此计一出，诸侯王瞬间陷入两难境地。若不答应，家庭矛盾的爆发在所难免；若答应，则封地将被分割成若干小块，正中"推恩令"下怀。如此一来，无论如何，诸侯国都难再团结一致，从而无力与中央抗衡。这一石二鸟之计，使人退无可退，无论怎样接招，都已经输了。

> **管理有招**

内部控制失效的核心要素在于"串谋"现象：这不仅包括上下级之间的串谋，还涉及上下游部门以及不相容岗位之间的勾结。即便制度与流程设计得再为周密，也难以完全阻挡人与人之间的私下勾结。而串谋问题的根源，则在于权力的过度集中。

具体来说，当某一业务或部门的权力被个别人所掌控，如异地公司的负责人或某些技术业务的负责人，这种情况就尤为明显。一旦少数人手中权力过大，无论是内部的监督者还是外部的监督规则，都很难发挥其应有的制约作用，串谋行为因此得以肆意蔓延。

权力的过度集中往往只会导致一种结果：那就是肆无忌惮地滥用权力，以损害他人利益为代价来谋取私利。

而它绝不会自发地走向相反的方向：即为整个企业服务，为全体员工服务。

事实上，对于整个组织而言，权力的过度集中无疑是一场灾难！

那么，在企业管理实践中，我们是否能借鉴"推恩令"的智慧，通过分散权力、强化监督等方式，来有效遏制串谋现象，保障内部控制的有效性呢？这当然可以，不过必须注意三点，否则实施起来就会产生反效果。

第一，不要使权力越分越大。

原本董、总、监执掌三个部门，你已然感觉到权力垄断的威胁，于是你把原来的三个部门拆分成五个部门，为了安抚人心，你给五个

部门的主管都赋予了与原来相等的权力。五个部门都执掌大权，并驾齐驱，且至少有三个是董、总、监的老部下，董、总、监彻底尾大不掉。那么你的措施就不叫分权，而应该叫赠权。

那么，这个权力应该怎样分？接着往下看。

第二，一定要在对方的阵营中获得内部支持者。

推恩令的关键是：蛋糕就那么大，我们要将其合理细分，使更多的人对你感恩，感到高兴。当然，原本执掌蛋糕的人一定不高兴，但只要他敢反对，就会离心离德。

继续上例。原本的三个部门中，起码有一个部门获利更大，被另外两个部门嫉妒和眼馋，可以说是董、总、监的心腹部门。就把它一分为三，那么你一下子就获得了四个支持者。

第三，加门不加岗，避免冗余。

当然，有人会问："分割成三个部门后，是否每个独立部门都需要增加人手？"实际上，我们并不需要如此死板。三个部门可以继续沿用原有的人员配置，在业务分拆后，可以由其中一个部门担任主导角色，而另外两个部门则提供辅助支持。此外，我们还可以规定，这三个新部门的业务范围将定期进行轮换，这样一来，谁的成本更高，谁的能力更强，都将一目了然。

另外，也有人担忧："有些部门本身人数就不多，哪里还有那么多主管岗位可以分配呢？"对此，我们需要明确的是，除了行政岗位之外，我们还可以考虑其他的职级划分以及工资水平的调整。我们的主要目标是打破权力垄断，因此，在人员配置和职级划分上，我们需要更加灵活多变，而不是教条主义。